# COMPLETAR LA REFORMA DE LUTERO

# COMPLETAR LA REFORMA DE LUTERO

David Pawson

Anchor Recordings

Copyright © 2018 David Pawson

El derecho de David Pawson a ser identificado como
el autor de esta obra ha sido
afirmado por él de acuerdo con la
Ley de Copyright, Diseños y Patentes de 1988.

Traducido por Alejandro Field
Esta traducción internacional en español se publica por primera vez
en Gran Bretaña en 2018 por
Anchor Recordings Ltd
DPTT, Synegis House, 21 Crockhamwell Road,
Woodley, Reading RG5 3LE

Ninguna parte de esta publicación podrá ser reproducida o transmitida
de ninguna forma o por ningún medio, electrónico o mecánico,
incluyendo fotocopia, grabación o ningún sistema de almacenamiento
o recuperación de información, sin el permiso previo
por escrito del editor.

**Si desea más del material de enseñanza de David Pawson,
incluyendo DVDs y CDs, vaya a
www.davidpawson.com
PARA DESCARGAS GRATUITAS
www.davidpawson.org
Libros de David Pawson disponibles de
www.davidpawsonbooks.com
info@davidpawsonministry.org**

**ISBN 978-1-911173-50-2**

# *Índice*

1. ¿Avivamiento o reforma?  9
2. Iglesia y estado  35
3. Asuntos ministeriales  57
4. Atando cabos sueltos  83
   *Notas*  107

Este libro está basado en una serie de charlas. Al tener su origen en la palabra hablada, muchos lectores encontrarán que su estilo es algo diferente de mi estilo habitual de escritura. Es de esperar que esto no afecte la sustancia de la enseñanza bíblica que se encuentra aquí.

Como siempre, pido al lector que compare todo lo que digo o escribo con lo que está escrito en la Biblia y, si encuentra en cualquier punto un conflicto, que siempre confíe en la clara enseñanza de las escrituras.

*David Pawson*

# 1.

## ¿AVIVAMIENTO O REFORMA?

Mi tema, *Completar la Reforma de Lutero para el Siglo XXI*, me llegó en un momento en que tenía a Escandinavia en el corazón, con visitas a Finlandia y Noruega, cuando me estaba preguntando: "¿Cuál es la mayor necesidad de la iglesia escandinava?". Hay dos respuestas posibles. Una, es "avivamiento", y la otra, "reforma". Esto plantea una pregunta fundamental: en países donde la iglesia está declinando, ¿por qué cosa oraremos, y qué haremos al respecto? Encuentro que los cristianos se dividen en dos grupos principales: quienes esperan que Dios haga algo al respecto y quienes creen que Dios está esperando que *nosotros* hagamos algo al respecto. Aquí tenemos dos enfoques bastante diferentes ante la situación actual, que surgen de la desesperación, en cierto sentido, cuando observamos la influencia decreciente que tenemos en la sociedad. Quiero declarar mi posición desde el inicio mismo. Yo estoy del lado de la *reforma*. Creo que Dios está esperando que *nosotros* hagamos algo. Eso podría conducir o no a un avivamiento. Las dos cosas pueden estar relacionadas, pero, si lo están, creo que la reforma es la prioridad.

Estaba en una reunión de oración por avivamiento en Inglaterra. Durante tres horas las personas oraron para que Dios hiciera algo. De pronto, un adolescente se paró y dio una profecía. Nunca la olvidaré. En una voz penetrante, este joven tímido —más tarde supe que era bastante retraído, no la clase de persona que se pondría de pie, alzaría la voz y corregiría a sus mayores— simplemente se puso de pie y dijo: "Así dice el Señor: 'No avivaré lo que nunca construí'". Luego se sentó. Transformó toda la reunión de oración. Vino con una gran autoridad del Espíritu. La palabra quedó resonando. Nos dimos cuenta de que, en realidad, estábamos pidiendo a Dios que avivara lo que *nosotros* habíamos construido.

Dios nos estaba diciendo que él no avivaría lo que nunca había construido, y no puedo evitar creer que, mientras la iglesia está desobedeciendo deliberadamente los mandamientos del Señor y ha transigido en tantas áreas, no hay razón alguna por la que él debería contestar las oraciones que piden avivarla. Ese es mi problema. El estado de nuestro país se debe al estado de la iglesia, y debemos asumir la responsabilidad por lo que está ocurriendo a nuestro alrededor. Deberíamos ser la sal y la luz, pero debemos reconocer que no hemos vivido a la altura de este ideal, y que hemos transigido con relación a la Palabra de Dios de tantas formas ya que es casi una impertinencia pedir al Señor que nos avive.

De aquí vengo, y mis palabras se aplican especialmente a países que tienen una iglesia estatal. En consecuencia, me refiero a casi todo el norte de Europa. Nosotros tenemos una Iglesia de Inglaterra, que pierde mil personas cada semana. Es una hemorragia que la iglesia no puede permitirse. No es solo la pérdida de la cantidad de miembros, sino la pérdida de calidad. En Gran Bretaña, como en Noruega, estamos en el mismo tipo de crisis acerca del matrimonio homosexual, acerca de toda clase de maneras en las que la iglesia, lamentablemente, en vez de liderar a la sociedad en la subida a la colina, está siguiendo a la sociedad en su descenso, solo unos quince años después. Somos vistos como personas que frenamos los avances y seguimos al mundo, aceptando gradualmente las normas del mundo luego que ya han sido aceptadas por ellos. Deberíamos estar liderando la subida a la colina y diciendo: "Este es el camino hacia una sociedad saludable, feliz y santa; vengan con nosotros", pero parecemos estar haciendo exactamente lo contrario. Creo que Dios está profundamente dolido por esto.

La Iglesia de Inglaterra, a diferencia de la iglesia estatal de Noruega, nació en adulterio y asesinato. El fundamento ha estado agrietado desde el inicio mismo. No es ninguna coincidencia que una iglesia nacida en el adulterio del rey Enrique VIII esté enfrentando ahora temas de género y sexuales que podría desgarrarla. Las grietas estuvieron desde el principio, y nunca hubo un arrepentimiento ni un reconocimiento reales. Esa es mi situación en Inglaterra. En Noruega, la iglesia estatal nació, directa o indirectamente, de la reforma de Martín Lutero. Sé que él nunca fue a Noruega, pero sin duda sus ideas sí.

Lutero redescubrió una importante respuesta a mi pregunta: "¿Cómo se comunica la Cabeza en el cielo con el Cuerpo en la tierra?". O, dicho en otras palabras: "¿Cómo controla la Cabeza en el cielo el Cuerpo en la tierra?". Creo que la iglesia está en una condición espástica, en la que el Cuerpo ya no responde como debería a la dirección de la Cabeza.

En Australia hablé por invitación a seiscientos clérigos de la Uniting Church[1] en su sínodo, que se realizaba en un teatro. Encaré esta pregunta ahí. Dije: "Hay dos formas en la que la cabeza de la iglesia se comunica con su cuerpo y controla su cuerpo. Una, es la Biblia y la otra, el Espíritu. Estos son los medios que tiene para comunicarnos su voluntad. Si ignoramos estas dos formas de comunicación —la Palabra de Dios, que nos ha llegado de su revelación pasada, y el Espíritu, comunicando su revelación presente—, entonces tenemos un problema. He estado sentado en su sínodo durante toda la sesión matinal, cuando discutieron la ordenación de pastores homosexuales practicantes en su iglesia. En todo el debate, durante tres horas, nunca escuché una escritura citada, y nunca escuché mencionar al Espíritu. Ustedes son un cuerpo espástico. Están haciendo lo que les parece a ustedes".

No estaba preparado para su respuesta. Se pararon de un salto, me gritaron y agitaron sus puños hacia mí. Me limité a caminar a través de ellos y salí del teatro. Fue muy impactante. Llegó a los titulares de la prensa, me temo. Pero no hay ningún daño en la mala publicidad. En realidad, no existe la mala publicidad. No soy una persona de "esquivar el bulto", ¡sino que lo enfrento por donde vaya! Años atrás hice un juramento. Dije: "Señor, aquí tienes una boca, y lo que tú me digas que diga, lo diré, no importa el costo o la consecuencia". Lo dije en serio.

Por la gracia de Dios, he podido cumplir ese juramento y esa promesa. No es la forma de ser un predicador popular, ¡aunque sí la forma de ser conocido! Pero aquí estamos, ese soy yo. Creo que el Señor está buscando hombres y mujeres que abran sus bocas y digan la verdad, toda la verdad y nada más que la verdad, tal como es, sin temor al hombre y sin temor a la mujer. Esto último puede ser el mayor temor, como descubrí, con pastores y sus esposas.

Lutero descubrió una de las formas en que la cabeza se comunica con el cuerpo: la Biblia. Su principio era: solo las escrituras (*sola scriptura*). Ese es el principio que quiero recomendarles. Cuando dijo: "Mi conciencia está cautiva a la Palabra de Dios. Aquí estoy parado; no puedo hacer otra cosa", era el equivalente al juramento que hice años atrás, que estudiaría la Biblia con todas mis fuerzas. Leería tantas interpretaciones contrarias como pudiera conseguir, de modo de escuchar a otros. Pero cuando llegara a una conclusión propia acerca de lo que la Biblia enseñaba, lo enseñaría, no importa el costo. Y tiene un costo. No obstante, aquí estoy parado. Creo que estoy parado con Lutero ahí.

Fue sobre esa base que barrió tradiciones de siglos de la iglesia en la que había sido criado. Barrió las reliquias, las peregrinaciones, el purgatorio, las indulgencias, cinco de los siete sacramentos. Estuvo dispuesto a llevar la prueba de la sola escritura a todas estas áreas, y tuvo la suficiente osadía como para encararlas. Ese tipo de valentía se necesita con desesperación en la iglesia hoy. Pero encuentro que hay pocas voces que estén dispuestas a decir las cosas tal como son. La mayoría de los pastores reconocen abiertamente ante mí que han transigido, y lo saben. Pero el temor a perder miembros, cuando su iglesia ya se está reduciendo, es una especie de síndrome que es difícil de resistir.

Lutero puso la Biblia por encima de la tradición. Creo que ese es el llamado actual, en nuestros tiempos. Porque tenemos tradiciones que tal vez se retrotraigan solo a la Reforma, y solo tienen tres o cuatrocientos años, pero éstas también deben ser puestas bajo la prueba de la Biblia. Si estamos tan dispuestos como Lutero a hacerlo en nuestro día es la verdadera prueba de nuestra obediencia al Señor.

Ahora bien, mi tesis es ésta: Lutero no completó la Reforma. No aplicó ese principio de manera consistente a todo lo que heredó de la iglesia medieval. El llamado hoy es a completar lo que él comenzó. He encontrado que, para algunos, esto es casi una herejía. Sugerir que Lutero no tiene la última palabra sobre algo, y que podría no haber completado lo que comenzó, se considera una herejía. Pero voy a mostrarle diez áreas en las que no aplicó el principio de las escrituras. Cinco de ellas tienen que ver con lo que predicamos y las otras cinco, con la forma en que construimos la iglesia. Creo que estas diez áreas son donde hoy necesitamos ser reformadores de acuerdo con la Palabra de Dios, como lo fue él, y ser tan osados como él.

Él no tuvo que pagar el precio supremo. Soy un gran admirador de Jan Hus, que cien años antes hizo lo que hizo Lutero, pero pagó el precio de ser quemado vivo en la hoguera en Constanza. En Praga, Hus comenzó una reforma que fue aplastada por los ejércitos católicos, que combatieron a los que fueron conocidos como "husitas". Este interés se lo debo a mi yerno checo. Él y mi hija compraron un hotel abandonado en el pueblo originario de Hus, justo al lado del Museo Hus. El hotel fue renovado, y el presidente de la República Checa se ha quedado ahí.

Me interesé mucho gracias a ese vínculo con Jan Hus, y me vuelto un gran admirador de él, porque estuvo dispuesto a pagar el precio, y lo pagó duramente. El emperador del Sacro Imperio Romano le prometió un salvoconducto a su juicio, donde lo encontraron culpable de herejía y lo quemaron en la hoguera. Cuando apeló al emperador y dijo: "Usted me prometió un salvoconducto si venía al juicio", la respuesta fue: "Yo le prometí un salvoconducto para venir aquí, pero no para volver a su casa". Así murió por su reforma.

Ahora bien, Lutero no se sentía cómodo con toda la Biblia. Esa fue una de las raíces de su inconsistencia y la razón por la que no llevó a cabo la reforma completa. Se especializó, como sabrá, en los escritos de Pablo. No se sentía cómodo con Santiago, por razones que veremos más adelante. La llamaba una "epístola de paja". Tampoco se sentía muy cómodo con Apocalipsis y, por cierto, dijo que no debería estar siquiera en la Biblia. Por lo tanto, perjudicó a la iglesia en su escatología y su esperanza para el futuro. También lo veremos con más detalle más adelante. De modo que la primera limitación de Lutero era que no se sentía cómodo con toda la Biblia. Por lo tanto, el principio de "solo la escritura" se vio comprometido desde el inicio. No logró un equilibrio de toda la Biblia, ni siquiera de todo el Nuevo Testamento.

La segunda falla, producto de la anterior, fue que no aplicó

## ¿Avivamiento o reforma?

la Biblia a cada parte de la vida cristiana y de la vida de la iglesia de su tiempo. Hubo áreas que no tocó. Creo que Dios nos está llamando ahora (y le daré los fundamentos para creerlo) a completar esa Reforma y tomar toda la Biblia y aplicarla a toda la vida cristiana, a toda nuestra predicación y a toda la estructura de nuestra iglesia.

Comenzaré con una contribución positiva. El gran descubrimiento o redescubrimiento que hizo Lutero, y que ha afectado a todas las iglesias protestantes desde entonces e, indirectamente, a la iglesia católica, fue la justificación por fe. Calculo que será algo por lo cual será recordado hasta que vuelva Cristo. Esa fue su gran contribución. Fue la respuesta a la pregunta más fundamental: ¿cómo puedo yo, un ser humano, lograr una relación correcta con Dios, dado que él es justo y yo ciertamente no, por lo menos de acuerdo con sus estándares? Esa es la pregunta básica. O, en otras palabras: "¿Qué debo hacer para ser salvo?". O, en palabras aún más sencillas: "¿Cómo llego a ser un cristiano?". Su respuesta fue ese redescubrimiento de la doctrina de la justificación por fe: que Dios está dispuesto a declararme justo y desestimar mi caso como inocente, algo que sería un acto completamente injusto para un Dios justo. Para un Dios justo, *ignorar* el pecado y ofrecer olvidarlo sería imposible.

Estuve en la televisión británica justo después de un tsunami, contestando la pregunta: "¿Por qué permite Dios los desastres naturales?". Entre otras cosas, dije: "Es imposible para Dios perdonar el pecado". Hice una pausa, una pausa larga. Una señora me escribió después y dijo que había pensado: "David Pawson se ha vuelto loco finalmente. Ha terminado por perder la cabeza, el juicio". Pero, luego de la pausa, simplemente dije: "Hasta que haya sido pagado". Ante ese agregado, esta señora dijo que estalló en lágrimas, lloró de alegría y agradeció al Señor. Un Dios justo no puede perdonar el pecado hasta que haya sido pagado. Esta es la verdad que Martín Lutero descubrió: que Dios puede tratarnos como justos, como si nunca hubiéramos pecado, pero solo sobre la base de la muerte de Jesucristo y su obra de expiación.

Esa fue la verdad importante que descubrió Lutero. Pero tendió a convertirla en el entendimiento básico de la salvación. No la convirtió en el comienzo de la salvación, sino la parte del medio y el final, de modo que pasó a ser todo lo que se necesitaba para llegar al cielo. Esto ha acosado a las iglesias protestantes desde entonces. El énfasis excesivo en una doctrina siempre afectará negativamente a las demás, porque toda la salvación cristiana, toda la doctrina de la salvación, depende de varias características que se entrelazan. Cuando uno pone demasiado énfasis en una de ellas, saca a las demás de equilibrio. Creo que fue lo que sucedió.

Lutero no era el papa, y se horrorizaría de ser considerado como tal, pero es asombroso cuántas personas lo tratan como un maestro infalible. Una vez dije a un sacerdote católico: "Si hay algo que admiro de la iglesia católica es que solo tiene un maestro infalible. Nosotros los protestantes tenemos cientos, si no miles, y tendemos a seguir a un maestro y tratarlo como infalible".

Dicho sea de paso, por favor no crea nada que diga o escriba a menos que pueda encontrarlo usted mismo en su Biblia. Esa es mi seguridad. Significa que las personas que lo encuentran en la Biblia no dicen: "¿Sabes lo que enseña David Pawson?". Dicen: "¿Sabes lo que dice la Biblia?". Quiero que mi ministerio produzca personas que citen la Biblia y no a un maestro, porque es demasiado enfrentar a un maestro con otro, y no es lo que me gusta hacer.

Consideremos tres o cuatro efectos de este énfasis excesivo en la justificación por fe, y lo que ha hecho a algunas otras doctrinas vitales de la Biblia con relación a la salvación.

En este capítulo trataré la salvación individual (veremos temas de iglesia más adelante). Me preocupa ahora lo que predicamos como el evangelio de la salvación. El principal efecto sustancial fue poner el foco de nuestra predicación en la muerte de Cristo en vez de su resurrección. Este es un punto fundamental, pero ocurre que estamos demasiado cerca como para reconocer lo que ha ocurrido.

Pongámoslo contra un telón de fondo más amplio. En la Edad Media el catolicismo estaba obsesionado con la crucifixión. Si usted entraba en una iglesia católica, vería poco o nada salvo un Jesús muerto. Vería las catorce estaciones de la cruz en la pared. Vería un gran crucifijo con Cristo muerto y colgando de él. Probablemente la única representación de una persona viva que vería sería una estatua de María: viva, sonriendo y mirándolo. En tato que Jesús es una figura muerta que lo rodea, María es la figura viva. No es de extrañar que los católicos ingenuos oren a María. Ella era vista como alguien vivo; Jesús, como una persona muerta: "Sí, Jesús murió por nosotros, pero está muerto, mientras que María está viva. Oremos a alguien que está vivo".

He enseñado en Finlandia, un país que se encuentra en una situación única. Fue invadida por los suecos, que trajeron el luteranismo, y por los rusos, que trajeron el cristianismo ortodoxo. Cuando fui allí en otra ocasión, dije a mi guía: "Me gustaría conocer dos catedrales por adentro". Me preguntó por qué. "Bueno", dije, "lo que espero ver en una es la muerte y, en la otra, la vida. El cristianismo occidental, desde la gran división de 1054, se ha bifurcado. Las iglesias occidentales centran su predicación y su adoración de manera consistente en la cruz, en la muerte, mientras que las iglesias ortodoxas en Oriente se centran en la resurrección".

Recibí un fuerte impacto cuando entré en la catedral luterana. Había un enorme óleo sobre el altar (¿o lo llaman mesa?). Era un cuadro de tres metros de alto de Cristo como un cadáver. No solo muriendo en la cruz, sino como un cadáver que yacía al pie de la cruz: frío, gris, casi azul. Muerto, con una apariencia tan muerta como nunca he visto en un cuadro de este tipo. Luego fui a una iglesia ortodoxa y dije: "Lo que espero ver aquí es un montón de íconos o pinturas de Jesús vivo y mirando a las personas". Pero fue aún mejor que eso. El principal ícono en el medio era una enorme pintura de Cristo ascendiendo y, mientras ascendía, miraba abajo con amor y compasión a la raza humana que estaba dejando. Es un cuadro tremendo. Además, una señora que estaba ahí me dio un típico ícono ortodoxo. No es un Cristo moribundo, sino un Cristo vivo. Por esta razón, el Domingo de Resurrección en Moscú, todos se saludan con las palabras: "¡Cristo ha resucitado!". La respuesta viene inmediatamente de cualquier persona: "¡Ciertamente ha resucitado!". Para ellos, el Domingo de Resurrección es el corazón del evangelio, no el Viernes Santo.

Esta ha sido una diferencia entre las iglesias occidentales y orientales desde 1054. Lutero, en un sentido, no lo corrigió, porque somos justificados por su muerte. El típico predicador y evangelista occidental actual cita un versículo, o lo cita incorrectamente: "Nosotros predicamos a Cristo crucificado", que es una mala traducción. El original griego dice: "Nosotros predicamos a Cristo *habiendo sido* crucificado", que cambia todo el versículo. Nosotros predicamos a un Cristo vivo que ha sido crucificado. Pero la gran cosa es que él está vivo y no está muerto.

Pienso en otros versículos. Pablo, por ejemplo, dice en Romanos: "Siendo justificados por su sangre, cuánto más seremos salvados por su vida". Este es un énfasis que no encuentro en la predicación occidental. "La cruz, la cruz, la cruz, murió por ti; tus pecados quitó". Está todo ahí. Pero no escucho predicar frecuentemente la resurrección como la clave para el evangelio. Si estudia la predicación apostólica en Hechos, la resurrección estaba en s corazón. Sí, mencionaban su muerte. Hasta Apocalipsis mismo: "Vi, en medio de los cuatro seres vivientes y del trono y los ancianos, a un Cordero que estaba de pie y parecía haber sido sacrificado". Este no es un cordero muerto. Es un cordero que ha sido muerto y parece haber sido muerto, pero está muy vivo y está parado a la diestra de Dios.

Solo menciono esto porque si toda nuestra salvación está atada a la justificación, nos mantendrá inevitablemente en la cruz. Como dijo Pablo: "Si Cristo no ha resucitado..., todavía están en sus pecados". En otras palabras, la cruz no puede hacer nada por usted sin la resurrección. Esto es un pensamiento extraño para muchos occidentales, porque como protestantes tal vez no hayamos tenido crucifijos, pero igual teníamos la cruz, aun cuando estuviera vacía. Seguía siendo el símbolo de nuestra fe en nuestro evangelio, y aún lo es. Pero la predicación en Hechos se centraba en la resurrección que, por supuesto, es la clave de nuestra fe, porque si Cristo no resucitó, nos hemos engañado y estamos engañando a todos los demás, y deberíamos cerrar todas las iglesias mañana porque está basada en el mayor fraude de la historia. Esa es la primera área. Es una diferencia de énfasis, no un cambio radical. Pero creo que deberíamos ser conocidos como quienes predican a un Jesús resucitado y —agregaría— un Jesús ascendido. Demasiadas personas creen que "Jesús vive en mi corazón". Se les ha pedido que inviten a Jesús a su corazón. Nunca se les ha dicho que él está a la diestra del Padre. Si no estuviera allí, nadie podría ser bautizado en el Espíritu Santo, porque fue algo que nunca hizo mientras estuvo aquí abajo. No podía. Tuvo que volver y recibir la promesa del Padre antes de que pudiera hacerlo. Dependemos totalmente del Cristo ascendido para nuestra salvación.

Tengo alergia a esa horrible expresión, "la obra terminada de Cristo en la cruz". Fue terminada en lo que se refiere a la expiación, pero estuvo muy lejos de ser la obra terminada de Jesús. La resurrección, la ascensión y el regreso de Cristo son todos parte de nuestra salvación. Aún no he sido salvo. Espero serlo. Estoy camino a la salvación, y es fantástico estar en el camino. Volveremos a esto en unos instantes. Así que este es el primer cambio de énfasis que pienso que tenemos que hacer: que la resurrección, el Cristo vivo y ascendido, es el corazón de nuestra predicación; no la cruz. Gracias a Dios que la cruz forma parte de esto, pero él no finalizó la obra de la salvación en la cruz. Ha seguido un largo camino desde entonces.

Después, creo que, en su ansiedad por predicar contra la justificación por obras, Lutero redujo la fe, y aun el arrepentimiento, a una actitud pasiva más que una acción positiva. En ambos casos, en mi Nuevo Testamento, el arrepentimiento y la fe son cosas que hacemos y cosas que son completamente necesarias para nuestra salvación. Ambas son definidas en el Nuevo Testamento en término de obras, en término de actos, en término de acciones. Creo que Lutero estaba tan ansioso por destruir cualquier idea de justificación por obras —la impresión que la iglesia medieval había dado a muchas personas— que no pudo hacer frente, por ejemplo, a Santiago 2, donde dice: "La fe sin obras es muerta. No puede salvar".

Por supuesto, había un simple malentendido allí: que cuando Pablo usaba la palabra "obras" y cuando la usaba Santiago, estaban hablando de lo mismo. Porque la palabra tiene muchos significados diferentes en la Biblia. Significa básicamente acciones, pero Pablo, en todas sus referencias, se refiere a las obras de la *ley*. Santiago no: se refiere a las obras de la *fe*. Por cierto, antes de esto, el Nuevo Testamento nos llama a obras de arrepentimiento. Ambas son acciones positivas de parte de seres humanos que les permite apropiar la obra de Cristo en la salvación. Este ha sido el énfasis desde entonces. Tenemos ahora una fobia acerca de las obras que no permite su uso en cualquier conexión con la salvación.

Permítame ampliarlo un poco. Arrepentimiento: Juan el Bautista fue la primera persona en el Nuevo Testamento en usar esta palabra. Hizo este énfasis: "Produzcan frutos dignos de arrepentimiento". Le dijeron: "¿Qué quieres decir?". Entonces detalló, en términos de acciones, lo que debían hacer. Les dijo: "Si están defraudando a alguien, pongan en orden el dinero". Detalló con detalles prácticos lo que era el arrepentimiento. Es algo que hacemos. Comienza por un cambio de mente. Pasa del pensamiento a la palabra, cuando confesamos nuestros pecados, pero alcanza su clímax en la acción cuando nos alejamos de nuestros pecados y ponemos en orden las cosas. Ha desaparecido la idea de que el arrepentimiento es algo que hacemos, no para ganar la salvación o merecerla, sino a fin de recibirla (mi entendimiento del Nuevo Testamento).

Permítame ser muy práctico aquí. Un joven vino a verme un tiempo atrás en una motocicleta con manubrio alto y espejos, con el aspecto de un puercoespín. Tenía una chaqueta de cuero negra cubierta de tachas de bronce. Tocó el timbre de casa y le dije: "Hola, Paul. ¿Qué puedo hacer por ti?".

"Quiero hablar".

"Bien, entra", contesté. Entró y se acomodó en uno de nuestros sillones, que aún tiene la marca de las tachas de bronce. Le pregunté: "¿De qué quieres hablar, Paul?".

Dijo: "Quiero ser bautizado".

"¿Sabes cómo bautizamos a las personas aquí?".

"Sí, las remojan en agua".

"¿Quieres que te remoja en agua?".

"Sí".

Dije: "Paul, ¿sabes lo que significa la palabra 'arrepentirse'?".

"No, jamás la escuché".

Dije: "Quiero que hagas algo. Ve a casa y hazle una pregunta a Jesús: '¿Hay algo en mi vida que no te gusta?'. Cuando te conteste, deja de hacerlo y vuelve a verme".

Tres semanas después tocó el timbre.

Le dije: "¿Qué quieres, Paul?".

Dijo: "Ya está".

"¿A qué te refieres?".

"He dejado de morderme las uñas".

"Está bien, Paul. Te bautizaré ahora". Lo hice, y nunca ha mirado atrás. Estaba demostrándome su arrepentimiento. Estaba preparado a dejar de hacer lo que no le agradara a Jesús. Esa es una definición buena y sencilla del arrepentimiento.

Muchas personas que conozco han sido bautizadas sin que se les pidiera siquiera alguna evidencia de su arrepentimiento. Yo bautizo a personas no por su profesión de fe sino por su profesión de arrepentimiento. Pablo dijo: "No fui desobediente a esa visión celestial, así que..." ¿Podría usted escribir cómo completó la frase? No conozco un cristiano que pudiera decírmelo. Él dijo: "...a todos les prediqué que se arrepintieran y se convirtieran a Dios, y que demostraran su arrepentimiento con sus buenas obras". Nunca escuché predicar sobre esto: que demuestren su arrepentimiento por sus obras. Lo puede encontrar en Hechos 26. En realidad, nunca doy los números de capítulos o de versículos. No han sido inspirados por el Señor. Simplemente digo: "Búsquenlo en el libro de Hechos". Quiero que las personas escudriñen las escrituras, y no que las busquen.

El arrepentimiento es algo que tenemos que *hacer*. Los frutos dignos de arrepentimiento producen pruebas: arrepentimiento por nuestras acciones. La fe, por lo tanto, no es algo que pensamos, o decimos, o sentimos, sino algo que hacemos. Cuando nuestros hijos eran pequeños, teníamos un juego llamado "fe" para enseñarlos lo que era la fe. Íbamos a las escaleras en el medio de la casa, y ellos subían unos cinco escalones. Yo me paraba abajo, con mis manos detrás de la espalda, y ellos decían: "Papi, si saltamos, ¿nos atraparás?". Yo decía: "Podría hacerlo. No lo prometo". Ellos se quedaban ahí, moviéndose de un lado al otro, ansiosos, pensando si debían arrojarse o no. Creo que era su equivalente, en esos días, de los videos que aparecen en Internet hoy. Entonces uno de ellos saltaba y yo lo atrapaba. Eso daba confianza a los otros dos, y saltaban y yo los atrapaba.

Les encantaba este juego llamado "fe". Lo que intentaba enseñarles era: "Ustedes no tienen fe en mí hasta que saltan. Yo no sé si confían en mí hasta que hacen algo al respecto". Es así exactamente como Santiago, en el capítulo dos de su carta, describe la fe. Consideren la fe de Rajab, la prostituta, la fe de Abraham. En Hebreos 11, el capítulo de los héroes de la fe, en cada caso "*hicieron* fe". Noé creyó, y construyó un arca. La fe era algo que hicieron, un riesgo asumido. Se hubieran caído de bruces si no funcionaba.

Había un chiste dando vuelta en las iglesias de Inglaterra acerca de un hombre que caminaba por un campo en una noche oscura y neblinosa. Se cayó por un precipicio al borde del campo, y mientras caía por este profundo valle logró tomarse de un árbol que crecía del costado del precipicio. Lo tomó con las dos manos y estaba colgando en la oscuridad y la niebla, preguntándose qué distancia habría hasta el fondo. Gritó hacia arriba y dijo: "¿Hay alguien allá arriba?".

Una voz profunda en las nubes dijo: "Sí, mi hijo, estoy aquí".

"¿Puedes sacarme de esta situación?".

"Sí".

"¿Qué debo hacer?".

"Suelta el árbol".

"¿Hay alguien más allá arriba?".

Esto es fe. Es asumir un riesgo. Es hacer algo para mostrar que uno confía. Estaba predicando en una iglesia grande en Alemania, un flamante y hermoso edificio en el centro de una gran ciudad. Se me ocurrió decir: "¿Cuántos en la congregación creen en mí?". Hubo un largo silencio y luego unas cinco manos se alzaron, incluyendo una mujer muy bien vestida en la primera fila. Entonces dije: "¿Cuántos de ustedes creen que existo?". Todas las manos se alzaron. ¡Es que si uno expresa el pedido correctamente obtiene una respuesta más grande! Pero dije: "Todos ustedes creen que existo, pero solo cinco dijeron que creen en mí. Aun esos cinco, no sé si creen en mí. Han profesado su fe en mí, pero no sé si creen".

Señalé a la mujer bien vestida en la primera fila. ¡Nunca predique a una persona en una congregación, porque tendrá problemas! Le dije: "Usted levantó la mano. Usted cree en mí". Seguí diciendo: "No sé si cree. Usted dijo que sí". Y continué: "¿Me daría todo su dinero para que lo cuide? Si lo hace, yo sabría que usted cree en mí. Lo habría demostrado por su acción. Entonces yo sabría que usted confía en mí". Se hizo un silencio sepulcral. Nadie se sonrió, y podía sentir el hielo que se formaba.

Después de la reunión dije al pastor: "¿Por qué se congelaron todos cuando dije eso?".

"Es la mujer más rica de esta ciudad. Su esposo era el dueño de toda la propiedad en el centro de la ciudad, y falleció y le dejó todo a ella". Entendí que había dado todo el dinero para el edificio de la iglesia. Así que me temo que esta pieza específica de homilética fue un fracaso total.

Pero lo que quería decir era completamente correcto. El Señor nos está diciendo: "¿Cómo sé que crees en mí?". Usted dice que cree, pero uno no cree en el Señor hasta que asuma un riesgo, hasta que hace algo que será un desastre si él no se encuentra ahí. Piénselo. Por ese motivo Rajab, la ramera, la prostituta de Jericó, sujetó su futuro al pueblo de Israel y al Dios de Israel. ¡Qué riesgo estaba asumiendo! Si la gente de Jericó hubiera averiguado su verdadera actitud, habría sido una mujer muerta.

Considere a Abraham, cuando ofreció a Isaac. ¡Qué riesgo asumió! Sabemos que tenía fe porque creyó que Dios resucitaría a Isaac, y no había habido una resurrección antes de eso. Era lo que él creía. Asumió el riesgo de estar dispuesto a matar a su hijo porque creía que Dios lo resucitaría. Es lo que nos dice la escritura. Lo sabemos porque cuando dejó a sus sirvientes al pie del monte dijo: "Mi hijo y yo subiremos a la montaña, iremos a adorar al Señor y volveremos a ustedes".

Santiago dice que Rajab y Abraham demostraron su fe a través de sus acciones. Fue una fe *activa*. Hicieron algo que demostró que creían en el Señor. Esta visión muy activa del arrepentimiento y la fe ha tendido a ser reemplazado por un arrepentimiento y una fe internos y mentales que podrían inclusive traducirse en palabras, pero no al punto de una acción. Si hay una cosa que siento que los evangelistas no están haciendo es ayudar a las personas interesadas a arrepentirse, *realmente* arrepentirse, poniendo las cosas en orden. Y este es mi segundo punto.

Estaba predicando en una cruzada evangelística de tres días en Aberdeen, donde llega el petróleo a la costa del Mar del Norte. ¡Solía aceptar hacer una cruzada evangelística una vez al año para demostrar que no soy un evangelista! Es bueno. El Señor sigue avergonzándome, pero no obstante, no soy un evangelista. He encontrado el secreto de que servir al Señor felizmente es vivir dentro de los dones que uno tiene, y no intentar ser aquello para lo cual no está dotado o llamado a ser. Pero igual acepto hacer cruzadas evangelísticas de vez en cuando. La gente se convierte, y nadie se sorprende más que yo.

En la segunda noche en el teatro de Aberdeen una niña se me acercó. Estaba llorando, con el rostro enrojecido, y temblando. Estaba obviamente muy alterada. Dijo: "Sr. Pawson, usted me frustra".

Pregunté: "¿Por qué? ¿Cómo?".

Dijo: "Ha hecho que quiera ser una cristiana".

Contesté: "Pero es para eso que vine. Por eso estoy aquí. ¿Qué tiene de malo?".

"He intentado ser una cristiana durante dieciocho meses. He pasado al frente en cada llamado, en cada reunión evangelística, incluyendo la visita de Luis Palau, el evangelista sudamericano. He recibido asesoramiento. He asistido a clases. He hecho todo lo que me han dicho que haga, pero nada ha cambiado. Me he dado por vencida. Unas semanas atrás, dije: "No hay nada en este cristianismo". Pero una amiga me ha arrastrado a la reunión esta noche y usted ha vuelto a remover todo. Ha hecho que quiera ser una cristiana. He intentado. He hecho todo lo que me dijeron que hiciera".

Pedí al Señor una palabra de conocimiento, la miré a los ojos y le dije: "¿Con quién estás viviendo?".

"Un joven", contestó.

Dije: "¿Estás casada con él?".

"No".

"¿Estás viviendo como si estuvieran casados?".

"Sí".

"¿Por qué no se han casado?".

"Bueno, él no cree en el matrimonio. Dijo que era solo un pedazo de papel. Lo importante es que nos amemos".

Dije: "Bueno, si él te deja mañana, no romperá ninguna promesa, porque nunca hizo ninguna".

Ella contestó: "Él no me dejará. Me ama demasiado".

Entonces dije: "Bueno, tienes una decisión muy difícil

que tomar. Me gustaría poder tomarla por ti, pero no puedo. Tienes que decidir con qué hombre quieres vivir: con Jesús o el joven. Pero no puedes vivir con los dos. Jesús no se unirá a ti en un arreglo así".

Entonces se enojó mucho, y dijo: "Nadie más me dijo que hiciera eso".

Dije: "Pero yo estoy tratando de ayudarte".

Me encantaría decir que tomó la decisión correcta y fue salvada gloriosamente. No puedo decirle eso. Salió corriendo del edificio, sollozando a más no poder.

Apenas se fue, entendí lo que el Señor sintió cuando el joven rico se fue. Jesús estaba diciéndole: "Es tu dinero o yo". Para ese hombre era una elección que no podía hacer, y se fue triste. Sentí los sentimientos de Jesús. Es que uno puede estar tan ansioso para que alguien se convierta que reduce los estándares del arrepentimiento. A esa joven no se le había dicho que se arrepintiera. Le habían dicho cómo recibir a Jesús en su vida. Le habían dado todas las palabras correctas, la oración del pecador, el paquete completo, pero nunca le habían enseñado a arrepentirse.

Entre el arrepentimiento y la fe, yo diría que el más descuidado en la evangelización moderna es el arrepentimiento. Suponemos que puede ocurrir más adelante. Por cierto, he escuchado a personas que proponen: "Llévenlos a la fe primero, y luego pueden arrepentirse". Ese no fue el orden nunca en el Nuevo Testamento. Siempre fue: arrepiéntanse y crean. Uno se arrepiente, no hacia Jesús. Uno *se arrepiente hacia Dios* y luego *cree en Jesús*. Porque son las leyes de Dios que uno ha roto. Es la ira de Dios que ha despertado. Es el amor de Dios que ha rechazado. Es el juicio de Dios que ha merecido. No creo en hablar a las personas acerca de Jesús antes de que se den cuenta de que tienen que arreglarse con Dios. Entonces tiene sentido Jesús; él vino a resolver el problema.

Encuentro que el entendimiento de la fe y el arrepentimiento de Lutero fue demasiado pasivo. Tenía tanto temor de que las personas creyeran que pudieran ganar o merecer la salvación que eliminó toda idea de acciones propias. Pero las obras de arrepentimiento y las obras de fe son de lo que hablaba Pablo cuando dijo a las personas que *obedecieran el evangelio*. Esta es una afirmación sorprendente. En 2 Tesalonicenses 1 habla de personas que son juzgadas por no obedecer el evangelio. No por no aceptarlo, por no creerlo; por no *obedecerlo*.

Este énfasis del Nuevo Testamento en *hacer* fe, en *hacer* arrepentimiento, no es para merecer ni para ganar algo de ninguna forma. Es la forma de apropiarnos de nuestra salvación. Cuando miramos esta aparente contradicción entre Pablo y Santiago más de cerca, no es una contradicción en absoluto, sino dos aspectos de lo mismo que necesitan ser mantenidos juntos, y en donde la acción tiene que ser una parte importante.

Pasemos ahora a la tercera cosa. Lutero, centrándose en la justificación por fe, dejó dos impresiones, que necesitan ser revisadas. La primera es la impresión de que somos salvos en un instante. Somos *justificados* en un instante, pero la salvación es un proceso. No ocurre en un instante. Pero el énfasis era: "Usted es justificado en un instante y el cielo es suyo en un instante. Ahora tiene seguridad eterna en Cristo". Decir eso es dejar la impresión de que uno es salvo en un instante. El resultado es que, invariablemente hoy, los evangélicos usan la palabra "salvo" en el tiempo pasado. "Fui salvo veinte años atrás", alguien me dice, o: "Siete personas fueron salvas el domingo pasado en la iglesia". Siempre las corrijo y dijo: "Usted *comenzó* a ser salvo veinte años atrás. Tuvieron siete personas que *comenzaron* a ser salvas el domingo a la noche". Porque la salvación no es en un instante; la justificación sí, la salvación no. Es un proceso que puede llevar toda una vida y más. Como le he dicho, no soy salvo aún, pero estoy en el camino.

Los que los estudiosos saben perfectamente bien, los predicadores deberían decir a sus congregaciones. El verbo "salvar" en el Nuevo Testamento aparece en tres tiempos: pasado, presente y futuro. Hemos sido salvados, estamos siendo salvados, seremos salvados. De esos tres tiempos, la mayoría son futuros: seremos. Todo el énfasis en el Nuevo Testamento es que esperamos ser salvados. Tomemos uno o dos textos al azar.

Veamos uno de Romanos primero. Pablo dice: "Nuestra salvación está ahora más cerca que cuando inicialmente creímos". ¿Qué significa esto? Muchos predicadores han transmitido esta impresión: "Fui salvado cuando respondí por primera vez. Soy salvo. Fui salvo entonces". Pero no; comenzaron a serlo. Lamentablemente, se nos ha dado la impresión de que "salvado" significa "salvado del infierno". El evangelio se convierte en una especie de póliza de seguro contra incendios. Pero Jesús no vino para salvarnos del infierno. Eso es una bonificación adicional. Él se llama "Jesús" porque vino para salvarnos de nuestros pecados, todos los pecados, en plural.

En otras palabras, la salvación es para hacernos perfectos, sin pecado, sin rastro alguno de la Caída en nosotros. Eso es salvación. Mi esposa tiene una fe tremenda. Es muy sólida en la mayoría de las cosas, pero hay una cosa que enseño que le cuesta mucho creer. Es cuando le digo que un día su esposo será perfecto. Ella dice: "Si basara mi fe en la experiencia, no podría creerlo, pero trataré de basar mi fe en la Palabra de Dios, y que el que comenzó la buena obra en mí la completará". Tengo que creer que un día mi esposa será perfecta. Se lo recuerdo, aunque creo que el Señor tiene un trabajo más grande conmigo que con ella.

Ser hecho perfecto es ser salvado. Ese es el pensamiento del Nuevo Testamento. Comienza por la justificación, cuando

Dios nos trata como si fuéramos justos, cuando la justicia nos es *imputada*. Pero eso es solo el principio. La siguiente tarea, que lleva mucho tiempo, es *impartir* esta justicia a nosotros, hacernos justos, no solo en título sino en realidad. Es algo que puede llevar toda una vida de fe. Solo seremos completados, creo, cuando Jesús regrese y lo veamos tal como es. Entonces seremos como él. Eso es la salvación.

La otra impresión que ha quedado al definir la salvación en términos de la justificación es la impresión de "una vez salvo, siempre salvo". Aquí puedo estar "metiéndome en el bulto", pero lo haré igual. Creo que ese cliché, que no se encuentra en la Biblia —"una vez salvo, siempre salvo"— ha hecho más daño a la búsqueda cristiana de la santidad que cualquier otra cosa. Las personas descansan en una decisión del pasado, una experiencia pasada, en vez de avanzar hacia la meta, porque han oído que "una vez salvo, siempre salvo".

Es que, en mi definición de "salvo", no soy "una vez salvo" aún. En el día en que la imagen de Dios sea restaurada de manera permanente en mí, gritaré tan fuerte que todo el cielo escuchará: "¡Una vez salvo, siempre salvo!". Porque entonces será cierto, porque seré "una vez salvo". Es que, lo que realmente está queriendo decir es "una vez justificado", no una vez salvo. Crea que estas dos impresiones —la salvación es un instante y que una vez que uno la obtiene no la puede perder— están haciendo un daño tremendo.

Vienen cristianos que están viviendo en abierto adulterio y me dicen: "Está bien, igual iré al cielo. Sigo siendo salvo. No quiero que se preocupe por mí". Les digo: "¿Se da cuenta que está arriesgando todo su futuro? ¿Está diciendo que Dios condenaría a un incrédulo por hacer lo que usted, un creyente, está haciendo, pero que no lo condenará a usted?". Dios no tiene favoritos. Su juicio es completamente justo. Todos debemos comparecer ante el tribunal de Cristo para recibir las cosas hechas en el cuerpo. Pero la idea de "una vez salvo, siempre salvo" realmente se ha apoderado de la gente. Una vez que uno es justificado, ya tiene su boleto para el cielo. Todo está absolutamente seguro para el futuro.

Creo que debemos considerarlo con mucho cuidado. He escrito un libro titulado *Una vez salvo, ¿siempre salvo?* (note los signos de pregunta). En él he mencionado ochenta pasajes en el Nuevo Testamento que nos advierten que no perdamos nuestra salvación. Nos están diciendo que la salvación es un proceso, un proceso que puede ser interrumpido y aun no llegar a completarse. Ese es mi entendimiento de la Biblia. Si usted tiene una opinión diferente de las escrituras, le pido que mire cuidadosamente el Nuevo Testamento. Esos ochenta pasajes cubren cada autor del Nuevo Testamento, y cada uno está diciendo: "No pierda lo que tiene".

Tomaré solo una selección al azar de esos ochenta pasajes. Jesús dice, en el Evangelio de Juan: "Yo soy la vid verdadera. Quédense en mí, permanezcan en mí, residan en mí". La parte más sencilla es "quédense en mí", porque yo no tengo vida eterna en mí. La tengo en Cristo. La vida eterna no está en las ramas, sino en la vid. Si me mantengo en la vid, seguiré teniendo vida eterna. ¿Qué pasa si me salgo de la vid? Jesús dijo que las ramas que no permanecen en la vid se marchitan. Son infructíferas y son cortadas y quemadas. Hay una relación con la vid que significa "vida eterna continua". Pero está *en él*, no en mí. Como dice Juan, esta vida está en el Hijo. El que esté en el Hijo está teniendo vida y el que no está, no está teniendo vida.

Si traducimos Juan 3:16 correctamente, dice lo siguiente: "Porque Dios amó al mundo tanto una vez que dio una vez a su único hijo para que todo el que siga creyendo en él no perezca una vez, sino siga teniendo vida eterna". ¿Altera esto la sensación del versículo para usted? Estoy traduciendo el griego. Los primeros dos verbos están en el tiempo aoristo, que se refieren a un suceso: cuando una vez amó al mundo, cuando una vez dio a su Hijo. Pero los otros dos verbos están en el tiempo presente continuo, que es: todo el que siga creyendo en mí seguirá teniendo vida eterna.

Juan escribió su Evangelio a cristianos. El cuarto Evangelio no es para dar a un incrédulo. Fue escrito para cristianos maduros que han conocido al Señor por años, para que sigan creyendo que Jesús es divino, porque en Éfeso, donde fue escrito, había personas como Cerinto que enseñaban a un Jesús más parecido al Jesús de los Testigos de Jehová. Así que Juan dice: "Si todo lo que Jesús dijo e hizo estuviera en libros, el mundo no podría contener los libros. Pero estas palabras se han escrito para que ustedes puedan seguir creyendo que Jesús es el Hijo de Dios, y al seguir creyendo puedan seguir teniendo vida eterna". Esto abre el Evangelio de una forma completamente nueva; aun Juan 3:16 cambia.

Creo que estas dos impresiones erróneas —por un lado, que cuando alguien creyó en Cristo la primera vez su salvación fue completa y, la otra impresión, que por lo tanto no le puede ser quitada ahora— tienen que ser reexaminadas a la luz de la Biblia, y corregidas.

Luego el descuido *comparativo* (y pongo la palabra en itálicas) de la santificación por fe. Ha habido tanto énfasis en la justificación por fe que ha habido un descuido comparativo de la santificación por fe; en una palabra, la santidad. Juan Wesley es uno de mis héroes, porque uno de sus primeros colegas fue un hombre llamado John Pawson, uno ancestro mío. Dijo: "El metodismo ha sido levantado para difundir la santidad escritural en toda esta tierra". Hay historiadores que dicen (aunque no apoyo su afirmación) de que Juan Wesley salvó a Inglaterra de la Revolución Francesa, porque difundió la santidad. Fue el gran predicador de la santificación por fe, no la santificación por obras. Porque, como dice Pablo: "El evangelio es fe de principio a fin". Esa es la santificación por fe.

Ahora bien, encuentro que los predicadores hoy caen en dos trampas cuando se trata de la santidad. Por un lado, dan a entender que la santidad no es esencial para entrar al cielo. Casi se enseña en términos de "un opcional adicional para lo cual habrá una recompensa extra en el cielo". Ya no es considerado como esencial o ni siquiera parte del evangelio original. Pero en mi Nuevo Testamento la santificación por fe es tan importante, si no más importante, que la justificación por fe. Porque sin santidad nadie verá al Señor. En otras palabras, debemos ofrecer un evangelio de santificación.

No estoy solo hablando de teología o teoría, porque predico en prisiones de máxima seguridad y en campos de gitanos en Gran Bretaña. En estos lugares uno trata con personas que son notorias por sus malas acciones. En la cárcel de máxima seguridad que visito, predico a asesinos y narcotraficantes, todos los cuales tienen cadena perpetua. Nunca obtengo un público mejor. Puedo predicarles tres horas, y quieren más, del hambre que tienen. Pero lo que les ofrezco es un evangelio de justicia de Dios. Un evangelio, muy simplemente, de ser buenas personas. Ofrezco santificación además de justificación como el evangelio.

No es una cuestión de "usted puede ser perdonado, pero debe ser santo". Eso no es el evangelio. Tampoco es "usted puede ser perdonado, pero no hace falta que sea santo". Esas dos actitudes son parodias del evangelio. Mi evangelio es: *usted puede ser perdonado y puede ser santo*. Cuando digo a estos hombres que pueden ser santos, no solo en título sino en acción, que pueden ser personas tales que un día se sentarán con Cristo en el trono y juzgarán a otras personas, ¡tendría que ver sus ojos! ¡Y lo mismo ocurre cuando digo a personas en la cárcel con cadena perpetua que un día serán jueces! Digo: "Entonces tendrán que ser muy justos", porque la mayoría de las personas se sienten tratadas de manera injusta por jueces humanos.

Para mí, el evangelio no es solo que sus pecados pueden ser perdonados, sino que puede ser hecho un santo. Usted puede convertirse en la persona que anhela ser en sus mejores momentos, no solo un instante antes de morir. Una vida de fe puede hacerlo como Jesús. Yo creo que ese descuido comparativo de la justicia impartida además de la justicia imputada, para usar términos teológicos, es solo la mitad del evangelio. Estamos ofreciendo justicia a las personas, no solo perdón. Estamos ofreciendo santidad. Será mejor que vivamos de acuerdo con nuestro evangelio, y que mostremos signos de haber sido hechos mejores hombres y mujeres.

Estas son algunas de las notas que tenemos que hacer sonar hoy para completar la reforma del evangelio de Lutero.

## 2.

## IGLESIA Y ESTADO

Le he dicho que soy un hombre de la reforma más que del avivamiento. Creo que el Señor está llamando a la iglesia a poner las cosas en orden para que él pueda bendecirnos. El orden es: reforma primero y avivamiento segundo. Así entiendo la voluntad del Señor. ¿Por qué habría de avivar a una iglesia que está siendo abiertamente desobediente a su Palabra? No entiendo por qué esperamos que haga eso.

Hemos visto que, cuando Lutero se especializó en la justificación por fe, las cuatro cosas que mencioné en el último capítulo siguieron, porque si uno enfatiza demasiado una doctrina, las demás se salen de equilibrio. El quinto efecto fue que se centró casi exclusivamente en la segunda persona de la Trinidad. Recuerdo la clásica conversación que tuvo con Johann von Staupitz, su mentor en el monasterio. Cuando von Staupitz dijo: "Martín, si eliminas las reliquias, las oraciones a los santos… ¿qué pondrás en su lugar?". La respuesta clásica de Lutero fue: "Jesucristo. El hombre solo necesita a Jesucristo".

Ese fue el foco de su teología. Por lo tanto, descuidó (comparativamente) la tercera persona de la Trinidad. Quedó para el siglo XX redescubrir el Espíritu Santo en la práctica. Fue en el primer día de ese siglo, en Topeka, Kansas, que los estudiantes de un instituto bíblico se propusieron experimentar Hechos 2. Esta era una idea revolucionaria, que Pentecostés no era solo un suceso histórico que señalaba el nacimiento de la iglesia, sino un evento existencial que podía ser repetido en las vidas de cristianos individuales.

He buscado en vano alguna mención de Lutero de los dones del Espíritu, o aun del fruto del Espíritu, y ciertamente no hay ninguna mención del bautismo del Espíritu Santo. Toda esa dimensión cobró vida en el siglo veinte. No era nuevo. Si uno estudia la historia de la iglesia con cuidado, encontrará que hubo estallidos carismáticos, o avivamientos, a lo largo de todo ese período.

Por ejemplo, uno de los grandes santos patronos en mi país es San David de Gales. Tal vez haya escuchado acerca de él. San David fue designado, o escogido, para ser un obispo. Para su ordenación quiso ir a Jerusalén, porque creía que, si era designado obispo allí, tendría una unción especial. En ese tiempo, la peregrinación era una parte importante de la piedad cristiana, especialmente una peregrinación a Tierra Santa. No había aviones jumbo en esos días, así que partió con dos monjes en una caminata a Jerusalén. Tengo una copia del diario que escribieron esos dos monjes. Esta es una de las anotaciones: "El Santo Padre David llegó a Lion en Galia. Y ahí el Santo Padre David fue bautizado en el Espíritu Santo y habló en otras lenguas, como en los días de los apóstoles".

Me encanta contar a los galeses esto, porque se han quedado estancados en 1904, y esto es del siglo V, cuando David habló en lenguas y fue "bautizado en el Espíritu Santo". Así que no era algo nuevo, pero fue un importante redescubrimiento de esto. La corriente pentecostal de la iglesia cristiana es ahora la de más rápido crecimiento, y está a punto de convertirse en la corriente más grande de la cristiandad para el siglo XXI. Todo esto ocurrió en los últimos cien años aproximadamente.

Lutero, por supuesto, nunca vio todo esto, no habló de esto, y no esperaba que los cristianos tuvieran su propio Pentecostés o bautismo en el Espíritu, aun cuando los cuatro Evangelios comienzan con una promesa de que Jesús bautizaría en el Espíritu Santo. Juan el Bautista dijo dos cosas acerca de Jesús. Uno: él es el Cordero de Dios que quita los pecados del mundo. Dos: él bautizará en el Espíritu Santo. Estas dos cosas deben ir juntas, porque una vida que ha sido vaciada del pecado, de la cual ha sido quitado el pecado, se encuentra en una situación muy peligrosa, dijo Jesús, a menos que sea llenada con otra cosa. No hay nada más peligroso que un cristiano vaciado del pecado. Hay un vacío ahí que arrastrá a más demonios para que vuelvan a entrar, dice Jesús. Así que estas dos cosas deben ir de la mano.

Pero es interesante que la iglesia ha tomado, históricamente, una de las dos cosas, pero no la otra. En todo el mundo la cita "el Cordero de Dios que quita el pecado del mundo" es usada en la liturgia, pero el bautismo en el Espíritu Santo ha quedado fuera de todas las liturgias históricas de la iglesia. Cuando uno estudia la Biblia cuidadosamente, Juan el Bautista solo dijo "el Cordero de Dios que quita el pecado del mundo" una vez, y a dos discípulos en privado, en tanto que la afirmación "él bautizará en el Espíritu Santo" fue hecho frecuentemente y en público. Por cierto, el original griego sugiere que cada vez que Juan predicaba anunciaba que el bautizador en el Espíritu Santo lo seguiría. Así que, ¿no es extraño que la iglesia haya tomado un comentario privado a dos personas y lo haya expandido a todas las liturgias del mundo, y que haya ignorado el anuncio repetido y público de que Jesús sería el bautizador?

Juan el Bautista era muy consciente de que el bautismo de él era limitado. Solo podía tratar con el pasado de las personas. Solo podía limpiar su pasado. No podía hacer nada para su futuro. Al día de hoy, el principal efecto del bautismo en agua es sobre el pasado de una persona, y no la ayuda para el futuro. Para eso, necesita otro bautismo: en el Espíritu Santo. Es la tercera persona quien trae la santificación por fe. De nuevo, vemos que un énfasis excesivo en la justificación por fe, que descuidaba la santificación por fe, ponía por lo tanto todo el énfasis en Jesús y su obra, y no ponía el énfasis en la obra del Espíritu Santo. Jesús hizo todo lo necesario para nuestra justificación, pero es el Espíritu Santo quien obra la santificación en nosotros, dándonos tanto pureza como poder. Aquí tenemos, entonces, la quinta cosa descuidada hoy.

Una de las cosas que se han vuelto características de la evangelización contemporánea es el llamado a *recibir a Jesús*. A menudo se informa que "tuvimos tantas personas que recibieron a Cristo". Este no es un término bíblico. Desde el día de Pentecostés en adelante, el verbo "recibir" fue transferido de la segunda a la tercera persona de la Trinidad, exclusivamente. Mientras Jesús estuvo en la tierra las personas podían recibirlo o no. Literalmente, podían recibirlo en sus hogares.

Juan 1:12 es una afirmación histórica en tiempo pasado, pero es usada en todos los libritos que he comprado sobre cómo convertirse en cristiano. La traducción literal es "a cuantos lo *recibieron*", no "a cuantos lo *reciben*". "A ellos les dio" no poder sino "autoridad [*exousia*] para llegar a ser hijos de Dios, a los que creyeron en su nombre". No dice, como citan la mayoría de los predicadores: "los que lo reciben". En contexto, está en tiempo pasado. "Vino a su propio lugar y su propia gente no lo recibió. Pero a los que lo recibieron, les dio autoridad para llegar a ser hijos de Dios". No es un texto para ser usado en la evangelización ahora, porque mientras Jesús estuvo aquí uno podía recibirlo, podía invitarlo a su casa. Pero luego que ascendió al cielo, y ahora que está a la diestra del Padre, uno no puede recibirlo. Puede recibir a su representante en la tierra, que ha ocupado su lugar, el Espíritu Santo.

No es solo una cuestión de palabras. Ha ocurrido una

diferencia profunda en la evangelización al hablar de la segunda persona como si fuera la tercera. En palabras sencillas: si estamos aconsejando a una persona interesada, tenemos que ayudarla a arrepentirse hacia Dios, a creer en Jesús y a recibir el Espíritu Santo. Verifique lo que digo con la Biblia. Los apóstoles, cuando predicaron el evangelio, nunca dijeron a las personas que recibieran a Jesús o, peor aún, que lo invitaran a su vida o a su corazón. No hay nada de este lenguaje en el Nuevo Testamento. Todo esto proviene del avivamentismo estadounidense del siglo XIX. Nuestra evangelización ha sido influida tan profundamente por el otro lado del Atlántico que me temo que todos hemos caído en él y alentamos a las personas a recibir a Jesús y a invitarlo a su vida o a entregarse a Jesús. ¿Por qué no volvemos al Nuevo Testamento y decimos: "Arrepiéntanse ante Dios, crean en Jesús y reciban el Espíritu Santo"? En otras palabras, la evangelización, para concordar con la enseñanza del Nuevo Testamento, debería establecer una relación trinitaria con la persona interesada desde el principio.

Alguien podría decir: "Sí, estoy de acuerdo con eso, pero ¿qué me dice de Apocalipsis 3: 'Mira que estoy a la puerta y llamo'?".

"¿Qué pasa con ese texto? No tiene nada que ver con la evangelización".

"No, pero con relación a recibir a Jesús".

No tiene nada que ver con eso. Está dirigido a una iglesia. Es una promesa profética de que, si Jesús ha dejado una iglesia, un miembro podrá hacer que vuelva a entrar. Está dirigido a creyentes. Está dirigido a una iglesia.

Cuando escribí mi primer libro, *El nacimiento cristiano normal*, surgió de una carga de que, no importa dónde fuera, los cristianos habían tenido un mal parto. Un evangelista es un partero. Es muy importante cómo las personas llegan a Cristo, no solo por ellas mismas, sino porque la forma en que llegaron será perpetuada en la forma que invitan a otras personas. Ese es el problema. Billy Graham, por ejemplo, nunca menciona el bautismo, pero fue bautizado tres veces. Puede escribir todo un libro sobre volver a nacer sin mencionar una sola vez el bautismo, que es asombroso, cuando uno lo piensa. Pero el bautismo no formó parte en absoluto de su conversión. La forma en que él llegó es la forma en que conduce a los demás.

He encontrado eso con los evangelistas: invariablemente intentan llevar a otros al reino de la forma en que llegaron ellos. Todos somos culpables de esto. Encontré que muchos cristianos tenían problemas porque les faltaba un elemento vital de su nacimiento. Así que eran cristianos enfermizos o débiles, porque no habían tenido un buen comienzo. Fui a la partera de nuestro vecindario y le dije: "¿Podría escribir lo que hay que hacer para un bebé cuando nace?". Me asombré. Pensé que uno simplemente lo sacaba de la madre. Pero ella escribió cuatro hojas tamaño oficio de instrucciones sobre cómo dar a luz a un bebé. Había un elemento correspondiente en el nacimiento nuevo, similar a lo que ella me dijo.

La tesis de mi libro es que si uno va a traer a alguien al reino necesita hacer cuatro cosas para esa persona: ayudarla a arrepentirse hacia Dios, a creer en el Señor Jesús, a recibir el Espíritu Santo y a ser bautizada en el nombre del Padre, el Hijo y el Espíritu Santo. Solo si hemos hecho las cuatro cosas hemos dado a luz de manera correcta a un cristiano. Me encuentro con muchos cristianos con problemas. Vienen y dicen: "¿Puede ayudarme con este problema?". Yo digo: "Antes de hablar de su problema, dígame cómo nació de nuevo. Solo hábleme de su conversión". Escucho para ver si las cuatro cosas estuvieron presentes. Invariablemente ha habido uno, dos o hasta tres que nunca han sido incorporadas a su nacimiento.

Lo que me preocupa particularmente es que ha habido

poco o ningún arrepentimiento. Una oración del pecador de treinta segundos no es arrepentimiento. Realmente no lo es. No ha habido ninguna acción de arrepentimiento ahí. Usted puede leer mi teoría acerca del nacimiento cristiano normal. Ha sido llamado ahora un clásico, y está siendo usado como libro de texto en muchos institutos bíblicos. Gracias a Dios por esto. Considere Hebreos 6. Está todo ahí.

Cuando escribí mi libro, compré treinta y seis libritos de organizaciones evangelísticas muy conocidas sobre cómo convertirse en cristiano. Aparecían dos textos en cada uno de esos libritos: Juan 1:12 y Apocalipsis 3:20, ambos irrelevantes para ayudar a una persona interesada a entrar en el reino.

Hablo con emoción acerca de esto, porque me encontrado con muchos cristianos con problemas, y todo lo que han hecho es creer en Jesús. Luego digo: "Bueno, vamos a darle un buen nacimiento y llenemos el vacío". Cuando lo hacemos, el problema se vuelve más pequeño o incluso desaparece por completo. El problema se retrotrae a su nacimiento como cristiano. No fueron manipulados bien y no nacieron correctamente. Ese libro probablemente sea el más importante que he escrito. Como digo, los evangelistas lo están usando ahora. Recibo carta tras carta de pastores y evangelistas: "Estamos teniendo conversiones de mucha mejor calidad. Las personas se están volviendo bebés fuertes y saludables, que crecen y maduran más rápidamente".

Tomemos otro versículo que realmente deberíamos usar. Cuando Pedro predicó el primer sermón evangelístico el día de Pentecostés, las personas dijeron: "¿Qué debemos hacer?". La palabra clave aquí es "hacer". Se les dijo lo que debían hacer: "Arrepiéntase y bautícese cada uno de ustedes en el nombre de Jesucristo para perdón de sus pecados y recibirán el don del Espíritu Santo". Este es un texto bastante completo para aconsejar a una persona interesada, pero nunca lo he visto usado en la evangelización moderna. ¿No es asombroso? Lo llamo el "paquete de Pedro". Muchas personas están usando ahora el paquete de Pedro para aconsejar a una persona interesada: arrepentirse, creer, ser bautizado y recibir el don del Espíritu. Note que "recibir" está relacionado con la tercera persona. Esto es, sin duda, la técnica que debería gobernar toda nuestra evangelización, ignorada escrupulosamente por la mayoría de los evangelistas hoy. Pero fue la respuesta de Pedro.

Hasta ahora hemos estado hablando del evangelio. Lo que predicamos, el mensaje, y de cómo predicamos la salvación y cómo la aplicamos cuando predicamos. Pero ahora avanzamos a un territorio más controversial. Es aquí donde me meto directamente "en el bulto" de nuevo. Vamos a pensar ahora en la iglesia que *practicamos*.

Estamos pensando ahora no solo en el lado individual de la reforma y la salvación, sino acerca del lado colectivo de la reforma, que se necesita urgentemente en el siglo XXI. Queremos tener una iglesia que dure. Lo que le describiré es lo que creo que es la respuesta de Dios al tipo de iglesia que mantendrá el rumbo en el siglo XXI. Es un siglo muy diferente. Estamos en un contexto completamente diferente, aun en comparación con el siglo XX. Lo explicaré mientras avanzamos.

Finalicé las cinco reformas previas con una mirada al redescubrimiento del Espíritu Santo en el siglo XX, que ha afectado inevitablemente nuestro entendimiento de la vida de iglesia. Ese redescubrimiento ha llevado a cambios en la vida eclesiástica que ha afectado a casi todas las iglesias. Una observación inicial y superficial: la gran cantidad de iglesias que ahora tienen una pequeña banda de músicos u orquestas, cantantes de apoyo y micrófonos. Es asombroso cómo aun las iglesias más antiguas, más formales, han adoptado esta clase de adoración.

Vivimos en una aldea global, y la comunicación significa que una canción nueva, escrita en Nueva Zelanda, será cantada en todo el mundo en tres meses. Es bastante asombroso cómo nos copiamos unos a otros. Ocurre con cualquier tendencia nueva. Tan pronto como alguien comenzó a flamear banderas en la adoración, de pronto dio la vuelta al mundo en meses, en todas partes. Tan pronto tuvimos micrófonos y amplificadores, ¡mi vida se volvió peligrosa! En la mayoría de las plataformas donde tengo que hablar, siento que estoy parado en medio de una central telefónica, con cables por todas partes, ¡y los pies se enganchan con los cables! Todo eso es nuevo, y la tecnología está difundiendo las cosas muy rápidamente ahora.

Me sumerjo en el primer gran tema de la reforma. Creo que el día de la iglesia estatal ha finalizado, y que las iglesias estatales no sobrevivirán el siglo XXI. Ahora ampliaré esto con una breve reseña histórica. En el Antiguo Testamento, la religión y el estado era la misma cosa en Israel, que es lo que llamamos una "teocracia", donde las reglas eran hechas no por un gobierno sino por Dios mismo. Dios gobernaba Israel. Ellos podían rebelarse contra su gobierno, pero el único gobierno que veían era el divino.

Por lo tanto, las leyes de Moisés son una mezcla completa de leyes ceremoniales, litúrgicas, penales y domésticas. Uno no puede distinguirlas, en realidad. Están muy mezcladas en la Ley de Moisés. Un minuto está tratando con un crimen, luego con la vida familiar, luego con el gobierno de Israel y los reyes de Israel. Está todo entrelazado. Usted puede intentar separarlos, pero destruirá la Palabra de Dios si lo hace, porque estaba completamente entrelazado, bajo el mismo gobierno.

Significaba que era legítimo para ellos luchar, físicamente, por el establecimiento y la defensa de Israel. Pero cuando vamos al Nuevo Testamento, hay una separación radical entre la iglesia y el estado. Uno da a César lo que es de César y a Dios lo que es de Dios. Hay dos lealtades distintas. Martín Lutero dio mucha importancia a esta doble moralidad: el deber del cristiano al estado en el cual están y a la iglesia de la cual forman parte.

En el Nuevo Testamento, el reino de Dios no es de este mundo —no significa que está *fuera de* este mundo, sino que *no proviene de* este mundo— y, por lo tanto, los siervos de Jesús no están comisionados para luchar por él. Por ejemplo, "si mi reino fuera de este mundo, mis servidores pelearían", dijo Jesús. Durante trescientos años la iglesia y el estado estuvieron completamente separados. Esto significó persecución, porque el cristianismo fue durante mucho tiempo una *religio illicita* para el Imperio Romano, mientras que el judaísmo había sido aceptado.

El Imperio Romano era sincretista. Cuando conquistaban a un nuevo pueblo, tomaban el dios de ese pueblo y lo ponían al lado de todos los demás en el gran edificio en Roma llamado Panteón, que aún puede verse hoy. Los judíos, por supuesto, rehusaron hacer eso. Dijeron: "No, nosotros adoramos al único Dios". Sorprendentemente, se les dio un reconocimiento oficial. Fueron llamados "ateos", porque no querían creer en el panteón romano de dioses, pero eran una *religio licita*, una religión legal, con pleno permiso para practicarlo.

Al principio, los primeros cristianos fueron considerados como parte del judaísmo, como una secta judía, y por lo tanto estaban bajo el paraguas de una religión legal. Pero a medida que los gentiles se convirtieron en cristianos y la iglesia se convirtió en un cuerpo religioso diferente del judaísmo, surgió la pregunta: ¿reconocería el imperio al cristianismo? La respuesta fue "no". Esto significó muerte, martirio, para muchos de los primeros cristianos. Una vez al año, en un día llamado "el día del Señor", o literalmente "el día señorial", todo ciudadano romano debía pararse frente a un busto de César, alzar su brazo derecho, arrojar incienso sobre el altar y decir: "César es señor", tres pequeñas palabras. Los cristianos rehusaban decirlo y pagaron por ello con su vida con muertes horribles.

Esa es la referencia en Apocalipsis capítulo uno: "Yo estaba en el Espíritu en el día del Señor". No era domingo. Si mira la frase, era el Día Señorial, el día en que todos tenían que decir: "César es señor". Todo Apocalipsis es, en realidad, un manual para el martirio, para preparar a las iglesias para esta crisis al rehusar decir "César es señor", y practicar una *religio illicita*. Esto continuó con brotes de persecución más o menos furibundos durante trescientos años.

La iglesia nunca creció más rápido que en esos trescientos años. Hoy la iglesia bajo presión crece en cantidad y calidad. Cuando la iglesia no está bajo presión, decrece. Podría ilustrar esto de todas partes del mundo. Para una iglesia que es perseguida, la sangre de los mártires es la semilla de la iglesia. Y sigue siendo cierto. En un año reciente, se estima que hubo unos 264.000 mártires de Jesús. Esto no ocurre en partes del mundo donde tenemos una aceptación social y política general, aunque ahí declinamos en números. Envidio a los que están siendo perseguidos.

Recuerdo haber ido a Checoslovaquia cuando todavía estaba detrás de la Cortina de Hierro. Dije a las personas en la iglesia allí: "Estamos orando por ustedes". Estaban completamente asombrados. Se acercaron a mí después y dijeron: "¿Ustedes están orando por nosotros? Nosotros estamos orando por ustedes. Ustedes tienen mucha mayor necesidad que nosotros". Sin duda. Sus iglesias estaban repletas, aun cuando les costaba estar ahí. Yo estaba volviendo a iglesias vacías en Inglaterra. Me di cuenta de cuán condescendiente había sido decir: "Estamos orando por ustedes".

Estaba con 120 pastores en Alemania Oriental, y me dijeron: "Traigan a Honecker de vuelta". Dije: "Pero Honecker era un dictador comunista". Ellos contestaron: "Sí, pero las iglesias estaban mucho mejor en esos días. Ahora, todo lo que quieren nuestros miembros es un coche Mercedes de décima mano. En ese tiempo querían orar". Estos 120 pastores estaban lamentando la caída del Muro de Berlín y la desaparición del comunismo. Me conmocionó pensar en esto. Pensé en mi ingenuidad, de que acogerían la libertad. Pero no, ahora estaban abrumados por el materialismo y el consumismo de Occidente. La calidad espiritual de sus iglesias se había ido a pique. Como pastores, estaban muy preocupados.

Volvamos al tema. ¿Fue lo mejor que le pasó a la iglesia, o lo peor, que el emperador romano se convirtiera? Es un punto muy discutible. Por primera vez, los cristianos tenían poder político y aun militar. El cristianismo podía ser impuesto ahora por el estado y podía ser sancionado como la religión oficial. Toda la situación cambió de arriba abajo. La iglesia y el estado comenzaron a estar relacionados nuevamente. Esto continuó durante los próximos mil años.

Es interesante que, alrededor de un siglo después, Agustín escribió *La ciudad de Dios*. Si uno lo lee cuidadosamente, está hablando del colapso del Imperio Romano, pero diciendo que, del colapso surgirá la nueva iglesia-estado/estado-iglesia. Agustín fue el primer teólogo importante de la iglesia en justificar el uso de la fuerza por los cristianos. Describió la teoría de la Guerra Justa. Escogió una palabra de las parábolas de nuestro Señor, cuando dijo: ""Ve por los caminos y las veredas, y oblígalos a entrar para que se llene mi casa". Tomó esa palabra "oblígalos" y construyó una gigantesca teoría sobre ella: que la fuerza o la persuasión estaban justificadas si el fin era espiritual. Eso, por supuesto, llevó, invariablemente a cosas como la Inquisición y las

Cruzadas, y el uso cristiano de la fuerza política y militar. Fue un cambio enorme. Hasta Constantino, los cristianos no habían tenido ninguna fuerza terrenal para usar. Tenían que depender exclusivamente del poder del Espíritu Santo. Así comenzaron mil años de lucha entre los emperadores del Santo Imperio Romano y los papas, acerca de quién era el mandamás.

Estoy simplificando muchísimo la historia de la Edad Media, pero había una tensión ahí entre la iglesia y el estado, porque ahora estaban tan íntimamente relacionados que uno quería controlar al otro. A veces era el Santo Emperador Romano que estaba arriba, y a veces era el papa. Esta fue la situación en la que nació Martín Lutero. Había existido durante mil años, en los que el estado tomaba decisiones religiosas por los ciudadanos. Cuando los soberanos del estado tomaban una decisión, los ciudadanos debían obedecer. Ese fue el poder que Lutero usó principalmente para llevar el protestantismo al norte de Europa. Cambien los soberanos, y el estado tendría que cambiar también. Cambiaron al elector de Sajonia, y Sajonia ahora era un estado protestante. En otras palabras, la reforma vino de arriba. El poder que fue usado para difundir la Reforma era el poder del estado.

Llamamos a los reformadores de la Reforma "magisteriales", los que usaron el poder del estado para realizar la reforma. Nuevamente, la tensión era: ¿quién estaba arriba, el estado o la iglesia? Uno tenía la situación de Lutero, donde el estado estaba por encima de la iglesia, y tenía la situación de Calvino en Ginebra, donde la iglesia estaba por encima del estado. Pero ambos habían heredado —y ninguno hizo nada realmente al respecto— un entrelazamiento entre la iglesia y el estado, y aún mantenían el concepto de una iglesia estatal.

Alrededor del año 1000 d.C., muchos estados de Europa

pasaron del paganismo al cristianismo, en la variedad católica o la variedad celta de Irlanda. Luego, en el tiempo de la Reforma, un estado tras otro en el norte de Europa se volvió protestante, no porque la gente cambió o porque el Espíritu Santo estaba trayendo este cambio, sino porque el estado ahora adoptaba esta nueva religión protestante. Fueron mucho más exitosos en esto en el norte de Europa que en el sur, que permaneció firmemente católica. Entre los diferentes cantones de Suiza, el norte pasó a ser protestante y el sur se mantuvo católico. Tenemos esta división al día de hoy y acostumbraban a luchar entre sí.

Zuinglio, el tercer reformador más famoso, murió en batalla. He estado parado frente a su monumento en medio del campo de batalla en Suiza. Recordé que se alzó en armas para defender el protestantismo contra un ejército católico, y falleció al hacerlo. Aún al día de hoy, tenemos la Guardia Suiza en el Vaticano, que cuida al papa y usa los uniformes de la Edad Media. Es una situación muy confusa.

Tenemos de Lutero la idea de una iglesia liderada por el estado. Esto se extendió a Inglaterra. Se extendió a Noruega, Suecia, Dinamarca y Alemania. En mi país hay una anomalía, porque Escocia siguió a Ginebra y Calvino. Así que ahí la iglesia era considerada por encima del estado. Pero Inglaterra fue al revés y condujo, por supuesto, al rompimiento de Enrique VIII con el papa, constituyéndose en la cabeza del nuestra Iglesia de Inglaterra. Fue así como nació la Iglesia de Inglaterra. Después de Enrique VIII hubo cuatro cambios, de católicos a protestantes, a católicos, a protestantes, y una terrible persecución al intentar cada uno imponer su religión sobre el estado. María intentó imponer el catolicismo romano, solo para ser seguida por Isabel, que intentó imponer una mezcla de luteranismo y anglicanismo. Esto es lo que hemos heredado.

Pero quiero decirle con todo el énfasis que pueda, que el

tiempo de la iglesia estatal ha concluido. La "cristiandad" es un concepto muerto. Ese fue el término acuñado para combinar el cristianismo con el reino de este mundo. La palabra "cristiandad" es una combinación de "cristianismo" y "reino".[2] Esto ha desaparecido. El problema es que todos nos hemos criado en una situación en la que hemos tenido apoyo, aun apoyo financiero, del estado, y donde hemos tenido la sanción del estado, algo que está cambiando rápidamente. La razón de esto es que, en países democráticos los gobiernos son cada vez menos cristianos, y aun hoy hasta anticristianos, especialmente donde hay un gobierno de izquierda. Esto está produciendo una presión tremenda sobre la iglesia en términos de doctrina y ética para tomar decisiones claras para el futuro.

Ya no podemos depender del apoyo o la sanción del estado para la preservación de la iglesia. Debemos prepararnos ahora para el día en que esto haya terminado. Ya está comenzando a tomar este rumbo en Suecia y en Alemania, y llegará a Noruega. Lo que tenemos que hacer es preparar a nuestra gente. ¿Cómo lo hacemos? Bueno, la Iglesia de las Tres Autonomías en China es un modelo. Se autogobierna, se autopropaga y se autosostiene. Tendremos que enseñar a nuestra gente que tendrán que pagar por todo lo que es y hace la iglesia. Tendremos que desarrollar el dar del Nuevo Testamento. No el diezmo —es del Antiguo Testamento—, sino el dar, que a menudo es mucho más generoso y desinteresado.

Tenemos que preparar a nuestra gente para la persecución. Con todos estos acontecimientos, estamos ahora, cada vez más, en manos de un estado ateo y de políticos ateos, para quienes el relativismo es su religión, el multiculturalismo, y la proclamación política. Estamos en una situación completamente nueva, donde los vínculos entre el estado y la iglesia son obsoletos. Por lo tanto, tenemos que adaptar a nuestras iglesias ahora, o no sobreviviremos cuando el apoyo sea retirado. Eso es lo que estoy diciendo a la gente en nuestro país, donde algunos clérigos anglicanos reciben su paga de inversiones. Tenemos "Gift Aid". Si hago una donación a una iglesia, el gobierno devolverá el impuesto que pagué sobre esa ofrenda. Esa es una forma en que recibimos apoyo del estado. Estoy diciendo a las iglesias: "Si tienen muchas devoluciones de impuestos a través de este esquema, no pongan el dinero en su cuenta corriente. Úsenlo solo para gastos de capital, para que su gente pueda aprender a apoyar una cuenta corriente de sus donaciones". Entonces, estaremos preparados cuando esa devolución de impuestos sea retirada, como ocurrirá casi con seguridad. Todos los privilegios que hemos disfrutado a través de la religión del estado serán retirados en este siglo. Estoy completamente seguro de esto.

Yo creo que la historia de la iglesia está completando el círculo, y estamos volviendo al período del Imperio Romano para todos los propósitos prácticos. La iglesia será una minoría perseguida, y me alegro por esto, porque crecerá. Pero nosotros (especialmente algunas personas más jóvenes) tendremos que adaptarnos a estar en la misma situación que tuvo la iglesia durante los primeros cien años, antes que logró apropiarse de autoridad política. Esa es mi predicción. Usted puede sopesarla y juzgarla ante el Señor. Por favor no crea nada de lo que digo a menos que él se lo confirme. Por lo tanto, tendremos que confiar puramente en el poder del Espíritu Santo y la generosidad y el apoyo del pueblo de Dios. Pero estoy preparando a la gente para la persecución.

Diez años atrás, cuando comencé a decir a las iglesias de Gran Bretaña "¿Están preparando a sus miembros para la persecución?", se rieron. Pensaban que estaba siendo ridículo, porque yo había sido criado en un país que se suponía que era cristiano, donde el cristianismo por lo menos era respetado, parte del espíritu nacional, y muy privilegiado. No pensé que viviría para ver a predicadores del evangelio encarcelados en Inglaterra. Pero es algo que ha ocurrido recientemente. Con la apropiación creciente de nuestro país por el islam, estamos siendo presionados por la sharía. La mayor persecución está viniendo del islam, y es algo que ya está ocurriendo.

Un amigo mío puso un cartel fuera de su iglesia que decía: "Jesús es el único camino a Dios". Fue perseguido inmediatamente por la presión islámica en esa comunidad. Fue procesado por "perturbar la paz", por poner el cartel. La legislación anticristiana hoy es realmente extraordinaria. Estamos perdiendo la libertad de expresión en Inglaterra. Estoy en problemas legales por algunos libros que he escrito. Mis editores tienen que consultar a abogados para defender a algunos de mis libros. El único elemento que fue considerado controversial en uno de ellos era que la práctica homosexual es mala a los ojos de Dios. Se introdujo un proyecto de ley en el Parlamento que hubiera significado que, si alguien se molestara por lo que uno dijera, entonces eso podría haber llevado a una acción penal. La libertad de expresión está desapareciendo en mi país, muy rápidamente, y esto significa la libertad para predicar el evangelio, y la libertad para predicar las normas morales cristianas. Así que me temo que estoy esperando problemas legales, y estoy preparado para ello. No me importa ir a juicio personalmente, pero no quiero que otros tengan que hacerlo por causa mía. Se vuelve algo difícil en realidad.

Estamos volviendo a los días en que el cristianismo era una *religio illicita*. Frente al relativismo, el sincretismo y el multiculturalismo, ahora somos la minoría que no encaja. Nuestra gente simplemente no está lista para esto. ¿Sabe que se la pedido a una agencia de investigación en Londres que compile un archivo confidencial de las vidas privadas de los principales líderes y predicadores cristianos, para que puedan ser humillados públicamente? Eso le da el enfoque principal para preparar a las personas para la persecución. Es muy sencillo: asegúrese de estar viviendo una vida santa y que no pueda ser culpado por las autoridades, que no pueda ser expuesto o debilitado porque saben algo de usted. Prepare a su gente instándola a vivir vidas rectas. Ser culpado por ser justo es un honor y un privilegio para un cristiano. Ser culpado por no ser recto es una vergüenza. Lea 1 Pedro cuidadosamente.

Esa es la primera gran reforma de la iglesia. Creo que debemos trabajar para, orar para y aceptar que la iglesia del siglo XXI no será una iglesia estatal, y preparar a nuestra gente para eso. Creo que, en lo que respecta a la Iglesia de Inglaterra, se está desintegrando, perdiendo mil personas por semana. Muchas iglesias están cerrando. Solo es cuestión de tiempo hasta que muchas más tengan que cerrar, porque sus congregaciones están envejeciendo. Los metodistas están cerrando dos iglesias por semana en Gran Bretaña. Al mismo tiempo los musulmanes están abriendo dos mezquitas en el mismo tiempo. Es lo que está ocurriendo en mi país. Muchas de las mezquitas fueron iglesias metodistas. ¿Puede creerlo?

Edificios de iglesia por todas partes que una vez estaban llenos de personas que se están convirtiendo en mueblerías, centros juveniles o clubes comunitarios. Esto es una pudrición devastadora. Sin embargo, hay iglesias individuales en la Iglesia de Inglaterra que están floreciendo. Si usted usa los cursos Alpha, vienen de una iglesia anglicana llamada Holy Trinity Brompton, en Londres, que está realmente floreciendo. Pero tiene doce millones de personas de donde tomar sus miembros. Las iglesias florecientes están por lo general en centros grandes y urbanos, que tienen muchas personas de donde tomar sus miembros. Esas iglesias sobrevivirán, pero se volverán iglesias libres. Simplemente

## Iglesia y estado

no serán la Iglesia de Inglaterra oficial.

Cuando el príncipe Carlos sea coronado rey (si lo es), participarán muchas religiones en la coronación por primera vez. Él quiere cambiar uno de los títulos de la realeza: "Defensor de la Fe". Pocas personas en Inglaterra conocen la historia de ese título. Fue dado a Enrique VIII por escribir un libro contra Lutero, y le fue dado por el papa. Eso ha continuado como un título. Está en nuestras monedas —"Defensor de la Fe"—, pero significaba la fe católica romana, no la protestante, aunque la mayoría de las personas creen que es esto último. Pero Carlos ha dejado muy en claro que cambiará ese título a "Defensor de la fe", no "la Fe" sino la fe, cualquier fe.[3] Carlos está promoviendo el islam ahora de manera abierta. Un ex primer ministro, Gordon Brown, dio un discurso en el que dijo muy abiertamente que el islam es la respuesta a los problemas de Gran Bretaña. Uno se pregunta lo que está ocurriendo.

Para tratar este tema, escribí un libro, *The Challenge of Islam to Christians*.[4] Cuando salió fue considerado con escepticismo. Ahora las personas tienen una actitud completamente diferente. Me llaman casi a diario y dicen: "Todo está resultando como usted dijo". Nadie se preocupa por sus avances. Permítame darle una pequeña experiencia personal aquí. Estaba sentado en una reunión de la iglesia, ocupándome de mis asuntos, y de pronto me vi abrumado por un pensamiento claro que nunca me había venido antes: Gran Bretaña se volvería un país islámico. Me lo guardé durante seis meses y no lo compartí con nadie. Ni siquiera se lo dije a mi esposa. Era casi demasiado. Cuando uno piensa en sus nietos, se pregunta realmente qué les ocurrirá.

Pero después de seis meses fui a varios líderes cristianos en Gran Bretaña y los consulté. Les dije: "Mira, escuché esto en mi espíritu. ¿Qué piensas?". Cada uno de ellos me dijo: "David, eso viene del Señor y deberías hacerlo público". Nunca he tenido tantas personas ofreciéndose voluntariamente a que me expusiera, pero es lo que hicieron. Así que hice arreglos para hacer un video sobre el tema, y 120 personas se anotaron para asistir, porque me gusta tener un público: no sirvo cuando hablo a una cámara. Hicieron la reserva y gastamos tres mil libras para conseguir los equipos. Todo estaba listo, pero unos días antes tuve un derrame cerebral y no podía hablar. Pasé por todas las pruebas imaginables. Encefalograma, sangre, azúcar, colesterol. Todo estaba completamente normal. Me dijeron: "Estos nervios craneales han sido destruidos. Los que controlan la garganta, los labios y la lengua". Ahora usted saque su deducción. El médico dijo: "Esto nunca tendría que haber ocurrido. Simplemente no hay una causa para esto". Y ocurrió unos días antes de que debía dar la charla.

Pero alguien puso esto en Internet y pidió a la gente que orara por mí, para que pudiera dar mi charla. Cuando llegó el día pude hablar cinco horas y media, y todo salió en el video. Terminé parado sobre mi pierna derecha, porque la pierna izquierda estaba completamente fuera de acción. Tres hombres en la primera fila estaban inclinados hacia adelante. Me pregunté: "¿Qué están haciendo?". Estaban preparados para sujetarme. Vieron lo que podría pasar. Pero lo terminamos y comenzamos a difundir el mensaje. Luego siguió el libro, con mucho más en su interior.

Realmente le recomiendo que lo lea. Hay ahora pueblos en Inglaterra donde hay zonas completas bajo la sharía. Es una situación extraordinaria. Casi todas las semanas recibo información del interior del Parlamento y autoridades educativas que me llaman solo para decirme lo que está ocurriendo con relación a este tema. Así que estamos preparando a los cristianos en Inglaterra por lo que considero que es la mano de Dios.

Creo que estamos en una situación como la de Habacuc,

en Inglaterra. Habacuc dijo: "Señor, el estado de tu pueblo en Jerusalén, ¿qué estás haciendo al respecto? No estás haciendo nada, y mira la inmoralidad y la idolatría en Jerusalén".

Dios dijo: "Estoy haciendo algo".

"¿Qué?".

"Estoy trayendo a los babilonios".

Habacuc dijo: "No puedes hacer eso, porque ellos matan a todos. No quedará nadie. Tu pueblo desaparecerá".

El Señor dijo: "El justo sobrevivirá guardando la fe".

Ese fue el texto de manifiesto de Lutero, creo, pero no tenía el significado que le dio Lutero. Significaba: "Los justos no serán destruidos. Yo los preservaré. Ellos sobrevivirán si mantienen su fe en mí". Esa era la promesa.

Yo creo que Dios está trayendo el islam a Gran Bretaña. Por lo tanto, no digo a las personas: "Oremos en contra de esto". Digo: "Esta es la mano de Dios. Es una última y desesperada medida para tratar la debilidad de la Iglesia de Inglaterra". Este es un mensaje bastante duro. Era para Habacuc, pero creo que es un mensaje para Gran Bretaña, y cada vez más cristianos lo están aceptando como la palabra de Dios. Debo decir que no muchos líderes de la iglesia lo han aceptado.

Los líderes de la iglesia están diciendo: "El verdadero enemigo es el secularismo, y debemos unir las tres religiones monoteístas para combatir el secularismo, así que debemos convertirnos en aliados del judaísmo y el islam para combatir el secularismo". Esto es extraordinario, porque Alá no es el Dios de la Biblia. Hay enormes diferencias.

# 3.

## ASUNTOS MINISTERIALES

Vayamos ahora al ministerio de la iglesia. Nos hemos acostumbrado tanto a iglesias de un solo hombre que lo damos por sentado. Pero el Espíritu Santo nos ha señalado otra dirección, creo. En los primeros días de la iglesia pentecostal en Noruega le preguntaron a un líder: "¿Cuántos miembros tiene ahora?". Creo que dijo: "Trescientos". La persona preguntó: "¿Y cuántos ministros?". La respuesta fue: "La misma cantidad". Era lo que decía el Espíritu Santo. Lamentablemente, muchas iglesias hoy se han convertido tan en iglesias de un solo hombre como las de estilo antiguo. Pero el Espíritu Santo quiere que el ministerio sea compartido por todos los miembros de la iglesia.

Un amigo mío era un ministro metodista y usaba, como tienden a hacerlo, un alzacuellos. Fue a su púlpito un domingo a la noche y predicó sobre el sacerdocio de todos los creyentes. Tomó como texto Efesios 4 y dijo que algunos eran apóstoles, algunos profetas, algunos evangelistas, algunos maestros, etc. Continuó diciendo: "Cada cristiano tiene un don y un ministerio para hacer para el Señor". El domingo siguiente, cuando subió al púlpito, tuvo un shock. ¡Cada uno de los miembros estaba usando un alzacuellos! Dijo: "Bien, ¿qué está ocurriendo?". ¡Pensó que estaba en un sínodo, o algo similar! Dijeron: "Usted nos dijo que estamos todos en el ministerio, así que simplemente estamos haciendo lo que hace usted". Nunca había conectado el hecho de que él se vestía de manera diferente de los demás con lo que estaba predicando. Nunca volvió a usar el alzacuellos.

¿Sabe que fue el papa en Roma quien criticó por primera vez a sus clérigos por usar una vestimenta distintiva? El papa, precisamente, lo hizo porque los obispos en Francia habían comenzado a usar togas especiales debido a su posición. El papa dijo: "Ustedes deben distinguirse por su carácter, por su humildad, por su compasión, y no por su vestimenta". Tengo una copia de su carta en casa, que muestro con entusiasmo a las personas que quieren vestirse de manera diferente. Pero eso es una cosa a la que nos hemos acostumbrado mucho. Lutero no completó su reforma. Dejó la división entre sacerdotes y el pueblo, que era, por supuesto, característico de los mil años anteriores. Esta división de los cristianos, entre profesionales y laicos, es una división que uno no puede encontrar en el Nuevo Testamento. No viene del Señor. Se retrotrae al período medieval católico romano. Por cierto, el collar blanco era un símbolo de la protección de la virgen María en su origen. La mayoría de nosotros ignoramos su origen.

Me temo que la ordenación ha hecho la división entre lo que yo llamo "cristianos profesionales" y "cristianos laicos". La palabra *"laos"* en griego, que significa "pueblo", se aplicaba a todos en la iglesia. A menudo se me acusa en seminarios con ministros, pastores y sacerdotes de tratar de abolir la clerecía. Yo digo: "Me han malentendido por completo. Estoy tratando de abolir a los laicos". Es a lo que apunto: a meter a todos los cristianos en el ministerio. Quiero que los clérigos sean lo mismo que los miembros, como en esos primeros días pentecostales. Todos somos ministros de una clase u otra.

Ahora bien, eso no significa que la iglesia no necesite liderazgo. Está muy claro en el Nuevo Testamento que hay personas que son llamadas a liderar a otras, y otras que son llamadas a seguir. Esto no debe ser confundido con el ministerio. Todos tienen un ministerio, pero esos ministerios necesitan coordinación, aliento, capacitación y liderazgo. El liderazgo está en el Nuevo Testamento, no hay discusión al respecto. Pero nunca es un liderazgo de un solo hombre. Siempre ha sido un liderazgo colectivo. Sin embargo, la historia de la iglesia se ha alejado de los tiempos del Nuevo Testamento, cuando había varios obispos en una iglesia, a una situación en la que tenemos varias iglesias para cada obispo.

Es una inversión completa del patrón del Nuevo Testamento. La iglesia del futuro, la iglesia del siglo XXI, será una iglesia en la que cada miembro es un ministro, pero en el cual habrá un liderazgo colectivo: ancianos. La iglesia luterana *estatal* no tiene ancianos, pero una iglesia luterana libre sí, creo. Eso está más en línea con el Nuevo Testamento.

Una de las cosas que no se puede hacer en una iglesia de un solo hombre es disciplinar a los miembros. Si un hombre intenta disciplinar a una comunidad se meterá en grandes problemas con su gente. Pero donde hay un liderazgo colectivo y una disciplina colectiva, un miembro se encuentra frente a un grupo de hombres y no puede culpar a un solo hombre por disciplinarlo. Lo que más sufre es la disciplina y la doctrina en una iglesia liderada por un solo hombre. En lo que se refiere al ministerio, hay un sacerdocio de todos los creyentes. Martín Lutero lo enseñó. Pero no lo practicó. Dejó intacta esta enorme división entre el sacerdote y la gente. Creo que somos llamados a practicarlo. Esta idea de que *algunos* son sacerdotes no es bíblica. Todos somos sacerdotes, y creo también en la "profetidad" de todos los creyentes.[5] Cualquier creyente puede ser usado para hablar la palabra del Señor a una iglesia.

Teníamos una vez al mes lo que llamamos "la reunión de negocios de la iglesia", pero hacíamos los negocios del

Señor. Pregunté a mi esposa lo que más extrañaba ahora que no estamos liderando una iglesia. Dijo: "Extraño la reunión de negocios mensual más que nada". Cuando dice esto, algunas personas de la iglesia quedan completamente atónitas. La reunión de negocios era, para ellos, luchas, cabildeos, votos: la peor clase de democracia. Pero nuestra reunión de negocios era una teocracia, así que cualquier miembro podía traer la palabra del Señor, y lo hacía. ¿Sabe las cosas más sorprendentes que surgían cada mes cuando preguntábamos al Señor: '¿Qué quieres que hagamos?' y esperábamos su instrucción? Le daré solo uno o dos ejemplos. En una ocasión una señora se puso de pie, una persona muy humilde, y dijo: "Creo que el Señor quiere que demos dinero a las demás iglesias del pueblo". Ahora bien, esto era algo que nunca habíamos pensado siquiera hacer. Teníamos un enorme presupuesto de cien mil libras anuales. Dábamos un tercio a los pobres, los misioneros, toda clase de buenas causas, pero ¿dar a otras iglesias del pueblo? Ellas podían mantenerse solas. No obstante, fui al gerente de nuestro banco, que se llamaba Julio César y le dije: "Sr. César, queremos abrir una nueva cuenta bancaria". Me dijo: "¿Para qué?". "Para las otras iglesias del pueblo". Lo cuestionó seriamente, pero abrió la otra cuenta bancaria. Empezó a crecer y a crecer hasta que tenía cientos de libras, y no sabíamos cómo manejarla. Quiero decir, ir a otra iglesia y decir: "Vamos a apoyarlos económicamente", parece terrible. Suena como si se está apropiando de la iglesia, o haciendo una oferta, o siendo paternalista con ellos. No sabíamos qué hacer con el dinero.

Luego un tornado azotó nuestro pueblo y arrancó el techo de la iglesia católica. Dijimos: "Señor, ¿no querrás que todo este dinero vaya para ayudarlos a volver a poner el techo?". Pero el Señor dijo: "Sí". Fui al sacerdote de esa iglesia y le di un gran cheque, suficiente como para volver a colocar el techo. Si hubiera tenido problemas del corazón no habría sobrevivido, porque dijo, pasmado: "Pero ustedes son bautistas. Esta debe ser la primera vez en el mundo que los bautistas apoyen la iglesia católica". No era la iglesia católica carismática, sino una iglesia vieja, de las que están llenas de ídolos y toda esa clase de cosas.

Este obeso sacerdote irlandés no podía creerlo. Dijo: "¿Por qué hicieron esto?". Dije: "Porque el Señor nos dijo que lo hiciéramos". Entonces dijo: "Ustedes son la iglesia de la Biblia, ¿no es cierto?". Dijo esto porque solo un mes atrás habíamos leído la Biblia de punta a punta, en voz alta, sin parar, veinticuatro horas al día. Decidimos hacer eso cuando inauguramos nuestro nuevo edificio, para que toda la comunidad supiera que seguíamos la Biblia y toda la Biblia. Habíamos anunciado simplemente: "Leeremos la Biblia en voz alta de punta a punta". Teníamos un gran gráfico en la pared con intervalos de quince minutos, y cualquiera podía anotarse para leer durante ese tiempo, pero debían venir quince minutos antes para escuchar a la persona anterior y quedarse quince minutos después para escuchar a la que seguía. Nos asombró el resultado. Dos mil personas vinieron solo para escuchar la lectura de la Biblia. Vendimos media tonelada de Biblias durante los cuatro días. Leímos desde el domingo a la noche hasta el jueves a la mañana, sin parar. Los hombres leían durante la noche, las mujeres durante el día y los jóvenes a la tarde.

El intendente de la ciudad, Guildford, era un hombre pequeño llamado "Alderman[6] Sparrow", que hacía honor a su nombre. Dijo: "Me enteré que van a leer la Biblia de punta a punta. Nunca escuché que se hiciera algo así. ¿Podría leer en mi carácter de intendente de la ciudad?". Dijimos: "Sí, pero queda un solo espacio, el martes a la tarde a las tres y media. ¿Podría venir en ese horario?". Dijo: "Sí, podría acomodarme. Traeré a mi esposa". Vino y dijo: "Le importa si uso mi collar ceremonial?". Le dije: "Para nada, está bien si usa alguna otra cosa también". Se presentó a la hora indicada y preguntó: "Ahora, ¿dónde leo?". Le contesté: "No sé. Solo tiene que tomar la Biblia y comenzar donde la persona anterior finaliza".

Leyó Proverbios 31, pero no había traído a su esposa. Le dije: "¿Dónde está su esposa? Usted iba a traerla". Dijo: "Ah, tuvimos visitas inesperadas. Ha estado desde el alba cocinando, limpiando, haciendo las camas. Envía sus disculpas". Entonces comenzó a leer acerca de la esposa ideal que se levanta al alba, y cuida... ¡Apenas podía leer! Luego leyó esto: "Su esposo es conocido, porque se sienta en el consejo con los demás líderes cívicos". Terminó de leer, vino y se sentó al lado mío y dijo: "Acabo de leer acerca de mí en la Biblia". Contesté: "Es lo que le pasa a la mayoría de las personas. Encuentran mensajes aquí que tienen sus nombres y direcciones". Se fue, mientras decía: "Deme una Biblia para mi esposa. Le leeré esto a ella".

Hubo otra mujer que se anotó para leer. No nos dijo, pero tenía una cita inmediatamente después con un abogado para iniciar los trámites de divorcio. Adivine lo que leyó. Malaquías: "'Odio el divorcio', dice el Señor". Lo leyó, nunca fue al abogado, y el matrimonio aún continúa. Podría darle muchas más historias. ¡Y esto fue solo por leer la Biblia de punta a punta!

El sacerdote católico dijo: "Ustedes son la iglesia de la Biblia, ¿no? Sabe que mi gente no conoce la Biblia. Yo tampoco, para serle sincero. Solo les doy una pequeña charla cada domingo. ¿Quisiera alguno de ustedes venir y enseñarles la Biblia?". Dije: "Por supuesto". Escogimos cuidadosamente un equipo y pasamos un mes enseñando la Biblia, y transformó a esa iglesia. Todo ocurrió porque esperamos en el Señor, y el Señor dijo: "Den dinero a otras iglesias". Cada mes teníamos la reunión de negocios del

Señor. Esperábamos en el Señor para ver lo que nos diría.

Recuerdo otra vez que nos dijo, a través de un hombre muy sencillo, que debíamos dar parte de nuestra congregación del domingo a la noche a otra iglesia cada domingo. Había que llegar cuarenta minutos antes para conseguir un asiento en nuestra iglesia. ¡Ahora el Señor estaba diciéndonos que entregáramos nuestra congregación! Así que llamábamos a otra iglesia y decíamos: "¿Les importaría si algunas de los nuestros fueran con ustedes el próximo domingo a la noche?". (Los domingos a la noche tenían muy pocas personas; la mayoría eran personas de la mañana). Vimos que nuestra gente recibía una cena espiritual, y tenían ganas de tomar distancia de mí y escuchar a otra persona. Transformó la ciudad, porque ahora éramos la iglesia que dábamos a otras iglesias: dinero y personas. Nada de eso habría ocurrido a menos que hubiéramos esperado en el Señor y hubiéramos dicho: "¿Qué quieres que hagamos?".

Como mencioné, mi esposa extraña esa reunión mensual más que ninguna otra cosa, cuando escuchábamos las órdenes de Dios, y las hacíamos. Nos llevó a las cosas más asombrosas que nunca podríamos haber pensado nosotros mismos, porque uno no piensa de esa forma. Pero el Señor sí.

Esto era un ministerio práctico que involucraba a todos los miembros. Teníamos ancianos que presidían en la reunión de negocios mensual. No obstante, teníamos ancianos corporativos. Ninguno de nosotros estaba por encima de los demás. La gente sabía que, si los ancianos decían algo juntos, los miembros debían tomarlo en serio. Pero no era una dictadura, ni era una democracia. Éramos todos nosotros buscando al Señor juntos. Si queríamos un nuevo anciano para la iglesia, cualquiera podría postular un nombre. Por lo general los ancianos buscaban al Señor y traían un nombre a la gente. Pero pasábamos tres meses orando y pensando en esto.

En la siguiente reunión mensual ese hombre no estaba presente y hablábamos de él en su ausencia, de manera completa y sincera, y luego de un mes, después de oración y discusión, preguntábamos a la gente: "¿Reconocen a este hombre como su pastor?". Esperábamos que por lo menos el ochenta por ciento de las personas dijeran que sí. No esperábamos que todos estuvieran en el Espíritu. Siempre hay uno o dos que vienen con sus propias ideas. Pero esperábamos que por lo menos cuatro de cada cinco dijeran: "Reconocemos a este hombre como dado a nosotros como un pastor". Cuando las personas han sido parte de este proceso, existe una obligación moral de seguir a ese pastor, porque han compartido el reconocimiento. No era un voto democrático. No decíamos: "Tenemos dos nombres y una vacante. Ustedes pueden votar cuál quieren". Eso es democracia. Presentábamos un hombre a la vez, después de haber pasado tres meses buscando al Señor, y ocurría una de dos cosas. O estaba claro como el agua que era la persona, o no estaba claro. Cuando no estaba claro, decíamos: "Esperaremos y veremos". A veces, un año después, decían: "Este hombre ha madurado lo suficiente como para ser nuestro pastor". Así que la gente compartía cada decisión de los pastores. Yo propicio un gobierno abierto así. Es practicar el sacerdocio de todos los creyentes. Es creer que cualquiera en toda la iglesia puede ministrar a toda la iglesia y traer una palabra del Señor para la comunidad. Encontramos que funcionaba maravillosamente. No teníamos discusiones. No teníamos cabildeos. No teníamos nada de lo que se asocia tan a menudo con una reunión de negocios de la iglesia. Practicábamos una teocracia. Estoy seguro que es la forma correcta.

Ahora llego a la parte más controversial: la *membresía* de la iglesia. Acá nos encontramos con el hecho de que una iglesia estatal tiene la obligación de aceptar a todos sus ciudadanos en la membresía, y a considerar a todos los ciudadanos como parte del rebaño. En Noruega, por ejemplo, hay unas 3500 personas por sacerdote párroco. En Finlandia es menos que eso. Pero tienen esta adjudicación en donde se supone que uno es el pastor y las otras personas son ovejas. Uno de los problemas es que muchas de ellas son cabras. Una iglesia estatal siempre producirá una membresía mixta, con una frontera poco clara entre la iglesia y el mundo. Significa que muchas personas que se consideran parte de la iglesia en realidad no tienen un estilo de vida que difiera en nada de los que no pertenecen a ella. No hay ningún testimonio colectivo de un estilo de vida diferente, porque es un grupo tan heterogéneo. Tratar a todos los ciudadanos como parte del rebaño es, para mí, un engaño, porque no es cierto.

¿Cuál es la respuesta a esto? Aquí llegamos al gran tema. El bautismo marca una frontera de la iglesia. En el Nuevo Testamento uno es bautizado en Cristo: en la Cabeza y el Cuerpo. El bautismo es el sacramento de iniciación en el reino. Ampliaré sobre esto en breve. Pero si uno bautiza bebés tenderá a crear una iglesia mezclada de creyentes y no creyentes, porque no hay ninguna garantía de que el bebé que usted bautizó será un creyente fuerte más tarde en la vida. De hecho, las estadísticas apuntan en la dirección exactamente contraria. No sé en Noruega, pero me sorprendería si fuera demasiado diferente de Finlandia, donde hablé poco tiempo atrás. Me dijeron que más del noventa por ciento de todas las personas han sido bautizadas de bebés en la iglesia, pero menos del tres por ciento aparecen siquiera en la iglesia los domingos. No estoy hablando de la víspera de Navidad o reuniones especiales, sino de reunirse de manera regular con el pueblo del Señor. Es una brecha enorme. No es tan grande en Inglaterra, pero no está demasiado lejos.

Así que tenemos un montón de ciudadanos en el estado que se consideran parte de la iglesia, pero que nunca estuvieron en Cristo. La práctica del bautismo define las fronteras de la membresía de la iglesia. Aquí está el meollo de todo el asunto. Para ir directamente a lo que creo, mi visión es que las iglesias que sobrevivan el siglo XXI serán las que practiquen el bautismo del Nuevo Testamento. Seré muy franco ahora, y diré que en Noruega veo exactamente lo que encuentro en Inglaterra y otros países: que *nadie* está predicando y practicando el bautismo del Nuevo Testamento. En general hay tres grandes grupos en la mayoría de los países que visito en el norte de Europa. Por un lado, hay grupos como los luteranos, anglicanos y presbiterianos que tienen, creo, la teología correcta sobre el bautismo, pero la práctica incorrecta. En el otro extremo, están los pentecostales y los bautistas, que tienen la práctica correcta del bautismo, pero la teología incorrecta. Anhelo ver a esos dos grupos juntos, tomarlos de la cabeza, y decirles: "Vuelvan al bautismo del Nuevo Testamento". Luego hay siempre un tercer grupo, principalmente de organizaciones paraeclesiásticas, desde el Ejército de Salvación, la Asociación Billy Graham, Juventud para Cristo, los Navegantes, a Juventud con una Misión que han, deliberadamente, como política, excluido el bautismo de su evangelización, mayormente por razones diplomáticas, para mantenerse dentro de los otros dos grupos. Ahora bien, aquí está mi dilema: soy un firme creyente y defensor del bautismo del Nuevo Testamento, porque creo que es la respuesta a la calidad de la membresía de la iglesia, que es un problema tan grande para nosotros en el siglo XXI. De modo que tenemos, por un lado, las personas que tienen una predicación correcta sobre esto, pero la práctica incorrecta y, por el otro, la práctica correcta, pero la predicación incorrecta. Y están quienes no tienen ni la predicación ni la práctica. ¡Qué situación! Considerando que Cristo mismo puso el bautismo en el corazón de su Gran Comisión, es una situación extraordinaria. Dijo: "Vayan y hagan discípulos de todas las naciones, bautizándolos y enseñándolos a vivir como les he mandado". Esa es la Gran Comisión. ¿Estamos haciéndola alguno de nosotros?

Permítame explicar lo que quiero decir. He estado a ambos lados del cerco. Fui un ministro metodista durante doce años y "me encargaba" de los bebés. Siempre me sentía algo incómodo al respecto. Un día vino a verme una joven y le dije: "¿Qué puedo hacer por ti?". Dijo: "Estoy perpleja acerca del bautismo". Esa joven es ahora mi esposa. Fue la primera conversación que tuvimos, sobre el bautismo, y aquí estamos. Es otra historia, pero ella fue la primera persona que baucé después.

Yo era el que "me encargaba" de los bebés. Luego fui a Arabia, cuando era un capellán en la real fuerza aérea. Mi parroquia se extendía desde Kenia, en África, a Bahréin, en el Golfo Pérsico, y dentro de Arabia Saudita. Fue algo que me hizo pensar, porque cada musulmán que bautizábamos era asesinado. Después de un tiempo, realmente dudaba en bautizar a un musulmán, sabiendo que estaba firmando su sentencia de muerte. Es asombroso. No les importaba que vinieran a la iglesia, o que llevaran una Biblia, o aun que dijeran: "Me he convertido en un cristiano". Pero el día que eran bautizados eran asesinados. Algunos fueron acuchillados. A un hombre que tuvimos quisieron quemarlo. Quemaron su casa pensando que él estaba adentro, pero estaban su esposa y sus hijos. Todos fueron quemados vivos salvo él. Tengo una carta de él en casa con sus lágrimas sobre la tinta contándome acerca de su esposa y sus hijos quemados vivos porque él fue bautizado. Pensé: "¿Qué tiene el bautismo que lleva a los musulmanes al asesinato?".

Llegué a darme cuenta de que los musulmanes tenían un mejor entendimiento del bautismo que yo. Yo había humedecido las frentes de bebés y les había dado un nombre, pero el asunto no me cerraba. Fui llevado de vuelta a la

Biblia. Miré con cuidado los treinta y un pasajes en el Nuevo Testamento acerca del bautismo, uno para cada día del mes. Pensé: "No puedo conectar esto con lo que estoy haciendo". Llegué a la conclusión de que no debería bautizar a otro bebé. Ahora bien, yo tenía tres bebés propios para entonces, así que tenía que tomar la decisión por ellos. Pero tenía que decir a la iglesia metodista: "No puedo seguir encargándome de los bebés. Lo lamento".

¿Sabe cuál fue su reacción? "¿Se quedaría si le damos un asistente que se encargue de todos los bautismos?". Dije: "No, eso sería completamente deshonesto. Estaría predicando el bautismo de una forma completamente distinta". Así que renuncié. Se resistieron mucho a dejarme ir. Le dije a mi esposa: "Perderemos mi trabajo, nuestra casa y mi pensión, y no tengo nada más para ofrecerte". Nunca olvidaré lo que me dijo: "David, quiero estar casada con un hombre que obedece a Dios".

Perdimos todo, de la noche a la mañana… y no perdimos nada. Nunca nos ha faltado nada desde entonces. Descubrí que mi empleador no era la iglesia metodista, sino el Señor Jesucristo, y que él lo llama a uno al ministerio de su Cuerpo. Él no usa rótulos denominacionales. He escuchado miles de profecías, y en solo una se mencionó un rótulo denominacional. Fue en Nueva Zelanda. La profecía fue dada en una reunión grande. "Así dice el Señor: 'Quiero traer un avivamiento a Nueva Zelanda a través de los presbiterianos'". Resultó que yo conocía al hombre, y era presbiteriano. Me hubiera impresionado más si un bautista lo hubiera dicho, pero de todos modos fui y le dije después: "Esa era una falsa profecía. Eso fue del deseo de su propio corazón. Le encantaría que su denominación liderara a Nueva Zelanda a un avivamiento". Lo aceptó.

Nunca escuché al Señor dirigirse a luteranos, o bautistas, o pentecostales. ¿Usted? Nunca. Si el Señor no usa esos rótulos, yo no quiero hacerlo, francamente. De hecho, yo soy un "metobauticano", porque fui ordenado como metodista, acreditado como bautista, y un obispo anglicano me impuso las manos para mi ministerio itinerante. Estaba esperando que llegara el papa a Inglaterra para completar el trabajo, pero él no estaba interesado.

Así que he estado a ambos lados del tema del bautismo, y llegó un momento en que tuve que decir: "No puedo seguir encargándome más de los bebés", porque estaba tan impresionado por la enseñanza del Nuevo Testamento. Ahora, permítame ser bastante franco con usted y decir que estoy más cerca de los luteranos en la teología del bautismo que los bautistas y pentecostales. Estoy más cerca de los bautistas y pentecostales en su práctica, pero ciertamente no en su teología. ¿Cuál es la diferencia? Averigüé que los luteranos, y algunos anglicanos, enfatizan *lo que Dios hace* en el bautismo, y enfatizan aquellos textos en el Nuevo Testamento que vinculan el bautismo con el perdón de pecados, con la salvación, con la iniciación en el cuerpo de Cristo. Pero, cuando es aplicado a un bebé, me parece que están faltando las condiciones vitales para la actividad de Dios.

Lutero mismo enfrentó este dilema, habiendo puesto todos sus huevos en el cesto de la justificación por fe. ¿Cómo encaja eso con bautizar a un bebé? Estoy seguro de que usted estará consciente de su increíble solución al dilema. Dijo: "¿Quién puede decir que el bebé no tiene fe?". A lo cual hay una sola respuesta lógica: "¿Quién puede decir que el bebé tiene fe?". Así quedó. Él mantuvo la práctica medieval de bautizar bebés, pero quedó con este dilema. Aún más que la cuestión de la fe es el énfasis en el Nuevo Testamento en el arrepentimiento como una precondición para el bautismo. ¿Puede arrepentirse un bebé? Si pudiera, ¿de qué se arrepentiría? En toda la literatura luterana sobre el bautismo hay una ausencia completa de cualquier discusión sobre el arrepentimiento en relación con el bautismo.

Estoy convencido a partir de las escrituras que Dios realmente *hace* algo en el bautismo, que no es un acto simbólico, que efectúa lo que simboliza. Es a la vez un baño y un entierro. Ananías dijo a Pablo, o Saulo de Tarso, que era su nombre entonces: "Y ahora, ¿qué esperas? Levántate, bautízate y lávate de tus pecados, invocando su nombre". Eso es una visión muy elevada del bautismo. "Lávate de tus pecados". Pedro tiene la misma visión elevada, cuando dice: "El bautismo que corresponde a esto ahora nos salva (no quitando las inmundicias de la carne, sino como la aspiración de una buena conciencia hacia Dios)". Cuando uno pone todos estos textos juntos está diciendo que es un medio de gracia, que es un canal para que Dios haga algo por usted que ninguna otra cosa puede hacer. Lo expreso de manera muy sencilla: para darle un comienzo limpio en su vida cristiana lavando los pecados no del registro en el cielo sino de su conciencia.

Le contaré algunas historias de la vida real tomadas de mi propia experiencia para ilustrar esto, solo para que tenga una sensación de dónde me encuentro. Primero, tuvimos un hombre en nuestra iglesia llamada Roger, un consultor ingeniero que, cuando tenía que viajar a otra ciudad, siempre llevaba a la cama a una mujer de esa ciudad. Nunca se lo contó a su esposa. Roger y su esposa llegaron a la fe en Cristo casi al mismo tiempo. Vino a verme poco tiempo después y dijo: "David, simplemente no puedo vivir con esto. Conté a mi esposa todo. He confesado mi culpa, mi infidelidad, pero no puedo mirarla a los ojos. Se sienta frente a mí en la mesa del desayuno y no puedo mirarla a la cara. Estoy muy avergonzado de lo que hice. Es insoportable".

Dije: "¿Sabe lo que necesita? Un bautismo". Lo llevé a ese texto en 1 Pedro donde dice que no lava la suciedad de su cuerpo sino le da una conciencia limpia a través de la resurrección. Los bauticé juntos, a él y a su esposa. Bauticé a la esposa, que salió de la tina chorreando agua y se quedó ahí esperándolo a él. Roger, cuando bajó al agua, gritó a toda voz: "¡Señor Jesús, lava mi conciencia!". Salió del agua, del otro lado, y corrió a su esposa, la tomó y la miró a los ojos, y le dijo: "Soy un hombre diferente". El bautismo había limpiado su conciencia. De ahí en más, siempre hablaba de su pasado como si fuera otra persona, el viejo hombre que había sido sepultado en el bautismo. Era un hombre nuevo ahora, limpio a los ojos de Dios.

Bauticé al cantante Cliff Richard, que era un miembro de nuestra congregación. Escribió en su autobiografía: "David Pawson me lavó, me enjuagó y me colgó para secarme, y nunca me sentí más limpio en toda mi vida". Fue lo que hizo el bautismo para él.

Otro joven en el pueblo donde yo vivía era un miembro del grupo Hell's Angels. Consumía drogas, andaba en motos y cosas como esas y tenía un tatuaje de Satanás en el pecho. Tenía al diablo tatuado sobre él. Sabía que cuando viniera a Cristo debería ser bautizado, pero no quería hacerlo porque se dio cuenta de que la camisa se volvía transparente en el agua. No quería que nadie viera el diablo en su cuerpo. Así que lo postergaba constantemente. Finalmente, fue a nuestro hospital local en Basingstoke en busca de un cirujano plástico. Dijo: "¿Podría quitar este tatuaje de mi cuerpo, porque quiero ser bautizado?". El cirujano dijo: "Puedo hacerlo. Hay dos formas. Una es quemarlo, pero eso dejará una gran cicatriz. La otra es tomar un injerto de piel del muslo y trasplantarlo en lugar de lo que removeremos. Pero eso cuesta muchísimo dinero. No puede hacerlo por el Servicio Nacional de Salud. Y llevará meses". El joven dijo: "No, no puedo esperar, y no tengo el dinero".

Así que pidió a un amigo mío que lo bautizara, en una

piscina del jardín de un miembro, en Basingstoke. Había cristianos alrededor de la piscina. Descendió al agua para enterrar el pasado y lavar sus pecados, y salió del agua sin ese tatuaje. Desapareció. ¡Un tatuaje lavado con agua que contenía a Dios! Si usted le dice que el bautismo es solo un símbolo se reirá. Dirá: "El bautismo me sacó el diablo de encima".

Aquí tiene una historia más, y podría darle cientos. Un amigo mío es un ministro bautista en el norte de Londres. En la escuela había sido muy amigo de otro muchacho, pero cuando terminaron la escuela se separaron y perdieron contacto, como ocurre a menudo. Ninguno de ellos era cristiano. Uno de esos muchachos, mi amigo, llegó a ser creyente y terminó siendo un pastor de una iglesia bautista. El otro joven tomó un camino errado y descendió cada vez más. Se metió en drogas, en el crimen y todo lo malo que uno puede imaginar. Finalmente, a los veintitrés o veinticuatro años tomó una actitud suicida y decidió poner fin a todo. Entonces recordó a su amigo de la escuela. Pensó: "Me pregunto dónde estará. Siento que si pudiera contactarme con él me podría ayudar".

No sabía cómo encontrar a su amigo de la escuela, así que fue a una médium espiritista y le dijo: "¿Podría decirme dónde está mi amigo de la escuela?". Ella entró en un trance y cuando salió del trance le dijo: "Puedo describirle la casa donde vive". Le describió la casa en detalle. Dijo: "Está frente a un gran parque con árboles", y le dio detalle tras detalle. Pero le dijo: "No le puedo dar la dirección, pero creo que está en algún lugar del norte de Londres". Ahora bien, el norte de Londres es un lugar bastante grande. Pero luego le dijo: "Tengo malas noticias para usted. Murió hace unos años". El joven estaba tan desesperado que no le creyó. Partió y pasó varias semanas buscando en el norte de Londres. Finalmente encontró un parque con árboles y encontró la casa exacta que le había descrito en el trance. Fue y golpeó la puerta. Su amigo de la escuela contestó y lo llevó al Señor, le salvó la vida y él ha puesto en orden su vida ahora, en Cristo.

Este joven, que ahora es un hermoso cristiano, dijo a mi amigo: "Pero ella me dijo que estabas muerto, y me dio la fecha de tu muerte". Mi amigo, el pastor bautista, dijo: "¿Qué fecha fue?". Le dio la fecha. Le dijo: "Esa fue la fecha de mi bautismo". El bautismo lo separa del mundo demoníaco. Esa es mi conclusión. Así como el bautismo en el Mar Rojo separó a los israelitas del faraón —y tengo una base bíblica para esa analogía—, creo que el bautismo es una operación de Dios.

Esa es la razón por la que tengo disputas con los bautistas y también con los pentecostales. Porque nunca hablan de lo que *Dios* hace en el bautismo. Todo es sobre lo que hace el hombre, ya sea un acto de obediencia al Señor o un acto de testimonio a otras personas, una especie de "testimonio húmedo", pero no se dice nada acerca de lo que Dios hace por el creyente. ¿Se da cuenta a lo que me refiero? Quiero ver todo eso reunido bíblicamente: una creencia en el bautismo del Nuevo Testamento que realmente lava los pecados, que realmente lo incorpora a Cristo, pero cuando es aplicado a un candidato que se arrepiente y cree. A esto he llegado. Así que me temo que me encuentro en una tierra de nadie, entre los que tienen el entendimiento correcto del tema, pero lo hacen a las personas incorrectas, y los que lo hacen a las personas correctas, pero no tienen ningún entendimiento de lo que Dios hace. Juntémoslo todo.

Creo que una recuperación del bautismo del Nuevo Testamento sería uno de los mayores cambios que podríamos hacer. Haría algo por la iglesia que nada más podría hacer. Soy un apasionado de esto, porque realmente creo que curaría muchos de nuestros problemas, y una iglesia podría entonces estar en condiciones de ser llamada a un nuevo estilo de vida: una iglesia santa. Creo que sería también un medio de gracia para un nuevo creyente: que el bautismo sea parte de la iniciación a la vida en el reino, y no encerrado en una ceremonia de la iglesia u otras cosas. Por fin podríamos evangelizar como Jesús nos dijo que hiciéramos, y hacer discípulos de todas las naciones, bautizándolos y enseñándoles cómo vivir la vida cristiana. Este es su mandato.

Oh, si pudiésemos volver a eso, y hacerlo todo junto, y conseguir el entendimiento luterano de lo que es el bautismo y lo que Dios hace en él, junto con el entendimiento bautista y pentecostal de hacerlo solo a creyentes que se han arrepentido. Creo que volveríamos al bautismo del Nuevo Testamento. Creo que Dios lo honraría y realmente lo usaría para hacer maravillas en la iglesia. Pero requiere valentía de parte de quienes sienten que esto es importante. Yo tuve que renunciar al ministerio metodista. Nos costó todo y, sin embargo, no nos costó nada. Dios ha honrado esa decisión más de lo que yo podría decir.

Doy toda la gloria al Señor por lo que voy a mencionar ahora. Pero en este momento tengo el mayor ministerio que he tenido jamás. Puedo ministrar a 120 países. Todos en China pueden conseguir mi enseñanza en televisión. Hay científicos en el Polo Sur que están viendo mis videos sobre la Biblia cada semana. Y aquí estoy: un don nadie. No tengo ninguna organización, ninguna oficina, ninguna secretaria. Escribo mis cartas y mis libros con una lapicera. No tengo una computadora. No tengo e-mail. Ni siquiera tengo un teléfono celular. La gente cree que he salido del arca de Noé. Sin embargo, el Señor ha tomado a esta persona sencilla y me ha dado un ministerio mundial como nunca podría haber soñado. Y nunca he hecho nada para buscarlo. Nunca he publicitado nada. Pero ahora tenemos un círculo de distribuidores en todo el mundo, en cada uno de los seis continentes, y no he hecho nada por esto. Simplemente le he dado al Señor mi boca, y he dicho: "Quiero enseñar tu Palabra, y toda la Palabra", y él ha abierto puertas para nosotros. No hemos hecho absolutamente nada para obtenerlo. "Solo te lo entrego". Debo haber entendido algo bien para que el Señor lo haga, pero lo fecho en el día que dije: "Dejaré de encargarme de los bebés". Desde ese día, el Señor comenzó a usarme de una forma más amplia que nunca antes.

No estoy intentando demostrarle nada, ni quiero persuadirlo. Pero hago un ruego: volvamos al bautismo del Nuevo Testamento y pongámoslo en el centro de nuestra evangelización, donde Jesús quería que estuviera. Le da a un nuevo creyente el mejor comienzo que podría tener en la vida cristiana, junto con orar por el bautismo del Espíritu después de eso. Todo creyente necesita ambos bautismos. Esa es la tercera cosa importante que creo que la iglesia necesita que sea reformada, pero requerirá una convicción y valentía tremendas para lograrlo, y será con un gran costo, porque estamos frente a intereses creados.

Lo siguiente que quiero mencionar con relación a la iglesia es la cuestión de la disciplina. Lutero decía que esta era una de las marcas de la verdadera iglesia. Sin embargo, en la iglesia normal hoy no hay ninguna disciplina. Le diré esto, y usted puede pensar lo que quiera. Cada vez más, las iglesias son lideradas por mujeres, y a ellas les cuesta la disciplina. Por eso creo que en la familia el padre ha recibido la responsabilidad de la disciplina, no la madre. En la iglesia, creo que se requieren hombres para disciplinar la iglesia.

Cuanto más feminizada es la iglesia, menos disciplinada parece volverse. Muchas mujeres ordenadas hoy están presionando por el matrimonio homosexual y otras cosas. Esto no es una coincidencia, porque las mujeres responden con el corazón. Los hombres podemos separar la mente y el corazón. Por lo tanto, podemos ser más objetivos al tratar con los sentimientos de las personas. Pero esa es otra historia.

Quiero encarar la mayor cuestión de disciplina a mi criterio en la iglesia hoy, que no es la homosexualidad. Creo que preparamos el camino para esto en la década del 60, cuando transigimos en un tema: el divorcio y el nuevo matrimonio. Creo que la iglesia que ha transigido en ese tema es una iglesia que se ha abierto a todos los problemas que estamos enfrentando en la crisis actual. La Iglesia de Inglaterra está enfrentando una importante crisis. No sabe si podrá mantenerse unida ahora con los obispos africanos de un lado y los obispos estadounidenses del otro, completamente enfrentados.

En una palabra, creo que la Biblia nos dice de manera completamente clara que el nuevo matrimonio después del divorcio está descartado. Cristo tomó una postura clara en su enseñanza sobre esto, que la iglesia está ahora ignorando ampliamente o desobedeciendo deliberadamente y adaptándose a la cultura moderna. Fue allá atrás en los 60 cuando ocurrió. Yo estaba en una comisión especial de la Alianza Evangélica de Gran Bretaña, presidida por John Stott, para debatir la nueva legislación que estaba apareciendo, mediante la cual el divorcio podría hacerse en base al rompimiento de un matrimonio, no ninguna otra, y Gran Bretaña reconocería que un matrimonio se había roto, y por lo tanto podría ser disuelto. Los cristianos se vieron enfrentados entonces con la opción de seguir la enseñanza de Jesús o la nueva legislación. Creo que fue ese tema específico que comenzó a destruir la disciplina de la iglesia cristiana en Gran Bretaña.

Tuvimos diferentes repuestas. En su mayoría, las iglesias libres estaban preparadas para casar a la parte inocente en un divorcio. La iglesia anglicana no estaba preparada para volver a casar a las personas, pero ha bendecido nuevos matrimonios. Personalmente, no puedo entender cómo podemos pedir a Dios que bendiga un nuevo matrimonio y no estar dispuesto a celebrarlo. Me parece una hipocresía. Pero ahí estamos. Es totalmente inconsistente. La iglesia católica romana ha aumentado muchísimo lo que llama "anulaciones de matrimonios" donde encuentra alguna razón para declarar que un matrimonio no fue un matrimonio inicialmente. Ellos han seguido su propia línea en esto. Pero de forma general tenemos el hecho de que la mayoría de las iglesias en mi país, de una forma u otra, están ahora bendiciendo el nuevo matrimonio luego del divorcio.

Evangelistas, pastores, maestros de la Biblia cristianos que son líderes están ahora cambiando de esposa abiertamente y justificándolo diciendo: "Mi nueva esposa es una compañera mucho mejor en mi ministerio que la anterior". Es bastante increíble. Podría darle nombres que usted conoce y reconoce, de evangelistas y líderes cristianos de primer nivel en mi país que simplemente han divorciado a su esposa y se han casado con otra persona, generalmente una compañera de trabajo, o una secretaria, o alguien que trabaja cerca de ellos. Estoy hablando abiertamente a esa situación y haciéndome tremendamente impopular por hacerlo, pero me limito a predicar lo que Cristo enseñó.

Una vez abierta la puerta, le doy algunas cifras de Estados Unidos. Al principio fueron los liberales quienes comenzaron a reducir los estándares de santidad del matrimonio. Luego fueron los evangélicos. La situación ahora en Estados Unidos es que en el "cinturón de la Biblia", como se lo conoce en el sur del país, donde están los bautistas del sur (que son conocidos como creyentes en la Biblia), y son la principal denominación, ahora tiene una tasa de divorcio más alta, que el resto de Estados Unidos —cincuenta por ciento más. Y este es un lugar donde la Biblia es respetada ampliamente.

No solo eso, sino ochenta por ciento de toda la delincuencia juvenil y crímenes infantiles viene de hogares rotos y matrimonios finalizados. Esto ocurre en mi país. Tenemos ahora la tasa más alta de divorcio y nuevo matrimonio de Europa. Ocurre entre los evangélicos y los creyentes en la Biblia. Están cambiando de parejas así nomás.

Una vez que la iglesia redujo la santidad del matrimonio en la década del 60, acompañando la idea de que el matrimonio podía disolverse y reemplazarse, entonces todos los demás temas de género comenzaron a fluir detrás. Ahora enfrentamos el mayor tema de género de todos: ¿casará la iglesia a homosexuales? Encendí el televisor (la BBC) para un culto de adoración de una iglesia en Somerset. Aquí había un ministro que estaba "casando" o pronunciando una "bendición" sobre dos hombres en el nombre de Jesús. Se me revolvió el estómago. Luego había otra iglesia en el mismo condado donde en un culto un ministro "disolvió" el matrimonio de una pareja en su iglesia, y en el nombre de Jesús dijo: "Ahora están libres y separados". En el mismo culto casó al hombre con otra mujer de su congregación (o realizó la "bendición") y "casó" a la mujer con otra mujer de la congregación, una ex monja (o, nuevamente, dio una "bendición"). Todo esto en el nombre de Jesús, en una iglesia cristiana. Lo lamento, pero es donde nos encontramos. Esta será una gran presión sobre nosotros: si seremos presionados por el estado a una negación completa de la santidad del matrimonio.

En la enseñanza de Jesús, nada disuelve un matrimonio salvo la muerte. Creo que esta debería ser nuestra postura. Las excepciones que él hizo están en ambos casos en Mateo por una razón. Porque Mateo es un Evangelio judío, escrito para judíos, para los primeros creyentes judíos. La excepción se debe a la cultura judía. La palabra que usó no fue "adulterio" sino "fornicación". Cuando la palabra "fornicación" (*porneia*) se usa en el mismo contexto que "adulterio" (*moicheia*), claramente son dos cosas diferentes. Jesús lo hace, al igual que Pablo en muchas de sus referencias. La fornicación es sexo antes del matrimonio. El adulterio es sexo después del matrimonio con otra persona. La única excepción que hizo Jesús fue por fornicación, no adulterio. Aun la Nueva Versión Internacional ha cambiado esa palabra a "inmoralidad sexual", que es una mala traducción injustificada. En la cultura judía, el desposorio o compromiso es mucho más serio que en nuestra cultura. Un compromiso puede ser roto en nuestra cultura. Pero, en la cultura judía, es tan importante como las promesas que se hacen en una boda. Por lo tanto, si el novio descubre que su novia ya ha tenido sexo antes de casarse tiene total libertad para divorciarla. La palabra "divorcio" allí es en el contexto del compromiso, no de un matrimonio.

Mateo nos da también el ejemplo clásico de esto con María y José, donde José no había consumado el matrimonio con María, pero creía que ella había fornicado con otra persona, así que resolvió divorciarse de ella. Hubiera sido lo correcto. Era un hombre recto y justo. Pero un ángel le dijo toda la verdad y dijo: "No debes temer tomarla como tu esposa. No te ha sido infiel. El hijo es del Espíritu Santo". Ese ejemplo, en el mismo Evangelio que las dos excepciones, nos habla del contexto. En una cultura judía, se esperaba que un hombre repudiara a su futura esposa si se había encontrado que había fornicado antes.

En Mateo 5 Jesús simplemente dijo que un hombre que repudia a su esposa la está forzando al adulterio y es responsable de esto, excepto si la divorcia por ser infiel antes del matrimonio, por fornicación. Por lo tanto, estoy convencido en base a una lectura cuidadosa de las palabras de Jesús, que su enseñanza no admitía ninguna excepción. En Marcos y Lucas, escritos para no creyentes gentiles, no se menciona ninguna excepción en absoluto, porque no existe la misma cultura judía del desposorio vinculante del cual debería y podría haber divorcio antes del matrimonio.

La iglesia tuvo una actitud blanda hacia el divorcio y el nuevo matrimonio, y ahora está ocurriendo no solo entre miembros sino también entre ministros. Por todas partes donde voy lo encuentro. A los ojos de Jesús, es adulterio legalizado. Tan pronto la iglesia cedió en la santidad del matrimonio, las otras cosas irrumpieron. De la misma forma, en los 60 la iglesia cedió en la santidad de la vida al apoyar la abolición de la pena capital, que el Señor nos indicó en el pacto noético, hecho con toda la humanidad, y que Dios ha guardado, pero nosotros no: que un asesino merece morir y que su vida debe ser tomada. Cuando lo abolimos en los 60 predije: "Esto es el final de la santidad de la vida". Por lo tanto, el asesinato ya no es un sacrilegio, la destrucción de la imagen de Dios. Dije: "Lo nuevo será el aborto, y lo que seguirá será la eutanasia". Una vez que uno ha dado un paso para reducir la santidad de la vida, todas estas cosas siguen. Así que ahora estamos luchando con el aborto y con la eutanasia potencial.

En los 60, dos cosas sagradas fueron reducidas: la santidad de la vida y la santidad del matrimonio. El resultado son las cosas con las que estamos luchando y que nos están paralizando hoy. Solo quiero mostrarle que todo comenzó entonces. Estamos recogiendo ahora una cosecha y estamos siendo puesto en situaciones de presión. La iglesia, si no casa homosexuales, será perseguida por las autoridades. Será considerado traición, contraria a la ciudadanía. Se lo digo ahora. Nosotros, como líderes cristianos, tendremos que decidir si transigiremos o no en estos temas cruciales. Será muy costoso cumplir firmemente con los mandamientos de Jesús. Él dijo: "Vayan y hagan discípulos de todas las naciones, bautizándolos y enseñándoles a guardar todo lo que les he mandado". Entre esos mandamientos está su clara enseñanza sobre la santidad de la vida y la santidad del matrimonio, que nunca debe ser roto a los ojos de Dios.

La disciplina de la iglesia está sufriendo ahora porque transigimos allá atrás en los 60, sin darnos cuenta de lo que estábamos haciendo. Nos estábamos volviendo vulnerables a la presión de las autoridades políticas y sociales para hacer lo que ellos querían. Unos amigos míos, una pareja del suroeste de Inglaterra, aparecieron en la prensa nacional. Cada periódico de Gran Bretaña imprimió su fotografía porque cuidaron veintiocho niños que no tenían hogar. Criaron a cada niño como si fuera propio, y han salvado a estos niños de lo que podrían llegar a ser por los malos hogares de donde provenían. Tres meses atrás le dijeron: "Deben firmar un papel para aprobar que los niños sean adoptados por parejas homosexuales, porque si no no podrán cuidar más niños nuestros". Contestaron: "No podemos firmar ese papel". El niño que estaban cuidando como propio fue quitado inmediatamente y puesto en otro hogar de crianza. Esto llegó a los titulares de todos los periódicos de Gran Bretaña. Esta querida pareja cristiana había rehusado firmar ese papel del consejo y, por lo tanto, se les quitó inmediatamente la posibilidad de criar niños que necesitaban un hogar. Causó una gran conmoción, por supuesto, pero me temo que es solo otra paja en el agua que indica hacia dónde va la corriente.

He mencionado la iglesia estatal, he mencionado el ministerio, he mencionado la membresía y el tema relacionado del bautismo, y he mencionado la disciplina.

Finalmente, alguien me preguntó: "¿Diría a una pareja que se volvió a casar que se divorcie?". Creo que toda persona que viva en pecado debe arrepentirse. "Arrepentirse" significa alejarse de algo. Si están en una relación adúltera de cualquier tipo, el arrepentimiento significa dejar esa relación. Me saco el sombrero ante las parejas que conozco que se separaron cuando se dieron cuenta de que estaban viviendo en adulterio a los ojos del Señor. Solo podemos decirles que se arrepientan y advertirles que el costo de no hacerlo podría ser eterno.

## 4.

## ATANDO CABOS SUELTOS

La cuestión del bautismo es, por supuesto, un tema candente. Hablé sobre esto ante un público de unas ocho mil personas de toda Finlandia. Las grabaciones de mi charla fueron prohibidas porque los patrocinadores de la reunión eran luteranos, pero alguien logró conseguir una y la estaba vendiendo en el mercado negro a un precio exorbitante. Entonces alguien puso una copia en Internet, así que retiraron la prohibición de mis grabaciones. Los luteranos me retaron a volver para un debate público con profesores de teología sobre el bautismo, un debate que sería televisado. Era una situación extraordinaria, y no entraré en los detalles. Comenzó cuando me dijeron que, de los 180 minutos, ¡me permitirían uno! Dije: "No iré". Dijeron: "Bueno, cuatro". Dije: "De ninguna forma". Dijeron: "Seis y medio", de 180 minutos. Dije: "De ninguna forma. Como mínimo, quince". Dijeron: "Está bien, diez". Dije: "Quince". Dijeron: "Trece". No estoy exagerando. Esto ocurría con la persona que iba a dirigir el debate. Me estaba sintiendo bastante frustrado. Podía ver que no iban a dejarme hablar. Hasta me dijeron lo siguiente: "Se da cuenta que enfrentará a hombres instruidos". Pensé: "¡Lo que implica no es demasiado halagador!". Pero quedé aliviado, porque el Canal 7, que es un canal de televisión muy visto en Finlandia me dijo: "Le daremos una hora y veinte minutos por separado en la televisión, solo para que explique su postura". Así que fui al debate público sintiendo: "Ustedes no lo saben, pero tengo una hora y veinte minutos para mis puntos de vista en la televisión". Hay un DVD disponible de esos dos programas que hice para la televisión finlandesa que cubren los puntos que surgieron en el debate. De hecho, tuve la oportunidad de ampliar lo que se trató en el debate.

Los últimos dos puntos que quiero tocar tienen que ver, primero, con la vida de la iglesia y, segundo, con Israel. Creo que la iglesia del siglo XXI debe relacionarse con Israel y con el pueblo judío. Es extraordinario, en mis recorridas, cómo la promesa hecha a Abraham está siendo cumplida en iglesia tras iglesia. "Bendeciré a los que te bendigan y maldeciré a los que te maldigan". Por supuesto, los judíos no son solo los que están en Israel hoy. Son solo menos de la mitad de los judíos del mundo. Lamentablemente, en este tema Martín Lutero nos ha dejado un legado terrible. Donde ha ido el luteranismo, ha seguido el antisemitismo. La iglesia ha sido culpable, en términos generales, de un espantoso antisemitismo.

Teníamos una señora en nuestra iglesia, una mujer judía de Viena que, cuando era una niñita, cada vez que caminaba frente a la iglesia los domingos, la gente que salía la pateaba, le escupía y le decía: "Ustedes mataron a Jesús". Ella dijo: "Yo no tuve nada que ver con eso". Se volvió muy amarga de niña. Gracias a Dios, el Espíritu Santo pudo sanar eso, se volvió una cristiana maravillosa y tuvo una influencia asombrosa sobre otras personas judías, ayudándolas a deshacerse de la amargura contra la iglesia cristiana. Nuestro historial de antisemitismo es terrible.

Martín Lutero comenzó, como sabrá probablemente, con una actitud muy comprensiva hacia los judíos. Creía sinceramente que, ahora que él había quitado todas las prácticas católicas que aparecían en la idolatría, y que los judíos usaban para criticar a la iglesia católica, aceptarían su cristianismo del Nuevo Testamento, que él creía que estaba mucho más cerca del judaísmo bíblico. Después de todo, Jesús fue, es y siempre será un judío. Intentó evangelizar a los judíos en Alemania, pero ellos no querían saber nada. Al principio se desilusionó, luego se frustró, y luego se volvió muy airado y hostil. Se volvió el peor antisemita de la historia protestante.

Escribió un artículo o un librito titulado "Los judíos y sus mentiras", y propició un programa de siete etapas para librar a Alemania de los judíos. Las leo: "Sus sinagogas deben ser quemadas, sus casas demolidas, sus libros confiscados, sus rabinos silenciados o ejecutados, sus pasaportes quitados para que no puedan escapar, sus préstamos de dinero prohibidos y todos deben ser puestos bajos trabajo forzado para expulsar a estos bribones holgazanes fuera de nuestro sistema". Ese era el programa de Lutero. Su último sermón antes de morir fue predicado contra los judíos, y en él imploraba a Alemania que se deshiciera de ellos. Gracias a Dios murió dos o tres días después, antes de ampliar el tema.

Este es el legado que dejó, que es muchísimo peor que el antisemitismo católico. No sé si escuchó acerca de Kristallnacht (La noche de los cristales rotos), la noche en que las vidrieras de los negocios judíos en Berlín fueron destrozadas y las sinagogas fueron quemadas. Fue en el aniversario de Lutero. Hitler mismo dijo: "Estoy haciendo la voluntad del Señor", y apeló a Lutero como apoyo. Es un episodio vergonzoso de la historia de la iglesia. Condujo directamente al Holocausto en Alemania. Hitler apeló a Lutero para justificar esa limpieza étnica.

No diré más, excepto que creo que la iglesia necesita arrepentirse de su antisemitismo de siglos. Hablo frecuentemente en sinagogas además de iglesias, por invitación de ellos. No me guardo nada: siempre hablo de Yeshua, Jesucristo, Ha-Mashiach (el Mesías). Nunca lo oculto. Saben perfectamente que soy un cristiano, pero intento hablar de él de forma tal que no lo asocien con la historia de la iglesia.

Lamentablemente, muchas partes de la iglesia cristiana se han horrorizado tanto por el Holocausto que han ido al extremo opuesto: las principales denominaciones en el mundo occidental están diciendo ahora: "Dejemos de intentar convertir a los judíos. No hagamos proselitismo con ellos". Es llamada oficialmente ahora la "enseñanza del doble pacto": los judíos son salvos por su propio pacto, los cristianos son salvos por el nuevo pacto, y no debemos tratar de llevarlos a Yeshua Ha-Mashiach. Son salvados por Dios a su manera y nosotros somos salvados a nuestra manera. Esto es el nuevo relativismo que surge del complejo de culpa que dejó el Holocausto en tantos corazones cristianos. Hubo personas, sin embargo, como las Hermanas de Darmstadt, que se han arrepentido en nombre de Alemania, y que han sostenido no obstante que los judíos necesitan un Salvador, su Mesías.

Acostumbro ir todos los años a Jerusalén para la fiesta de Tabernáculos, pero un año tuvimos problemas. Siete mil cristianos de 120 países se reunieron, la mayor cantidad jamás. En uno de los eventos marchamos por Jerusalén e intentamos contactar a israelíes. Sin embargo, este año el Rabinato Central de Jerusalén, que es la sede central del judaísmo mundial, prohibió que cualquier judío tuviera algo que ver con nosotros, los cristianos. Significó que tuviéramos que cancelar una noche en que invariablemente invitamos a cientos de judíos. Vienen con gusto, incluyendo el Primero Ministro, que asiste generalmente. Esta vez, Ehud Ólmert nos envió un mensaje grabado en video. Pero cuando los principales rabinos dicen a los judíos que no hagan algo, uno sabe lo que ocurre. Sigue siendo un pueblo terco, y van y lo hacen. Ochenta mil israelíes aparecieron para saludar a los cristianos en la marcha, que fue la mayor multitud jamás. Sin embargo, International Christian Embassy, que organizó la fiesta, fue criticada por invitar a dos personas a hablar: Jack Hayford y quien les habla. El Rabino Principal había conseguido las cintas grabadas de mis charlas y las de Jack Hayford (que escribió la canción "Majestad"). Partes de lo que habíamos dicho fueron citadas y fuimos acusados de creer que los judíos no eran salvos hasta que conocieran a quien decimos que es el Mesías, que es lo que tanto Jack como yo creemos y sostenemos. No lo ocultamos. Pero nos damos cuenta de que tenemos que vencer siglos de temor a los cristianos antes que podamos llegar a ellos, porque los judíos tienen memorias muy largas, y las Cruzadas fueron como ayer para ellos.

Creo que ahora la iglesia no solo debe arrepentirse de su antisemitismo sino desarrollar una teología de Israel que combine el futuro de ellos con el nuestro. Romanos capítulo 11 por sí solo alcanza para decirnos que nuestro Dios no ha terminado con el pueblo judío y tiene un futuro planeado para ellos, un futuro que está atado al nuestro. He notado en mis viajes que el Señor está bendiciendo a las iglesias que bendicen a Israel y, sin embargo, las que aún son antisemitas, o por lo menos por omisión están ignorando al pueblo judío, siguen adorando, por extraño que parezca, al Dios de Israel. Porque el Dios de Israel es nuestro Dios; es el Padre de Jesús.

Esta es una dimensión de la vida de iglesia que creo que caracterizará a las iglesias florecientes en el siglo XXI: una recuperación de una teología de Israel. Una consideración detallada de los cinco pactos en las escrituras está más allá del alcance de este libro, pero es importante darnos cuenta de que este es un tema de pactos. No estamos bajo el pacto mosaico, pero el pacto abrahámico, el pacto davídico y el pacto noético (hecho con Noé) son todos afirmados en el Nuevo Testamento como aún vigentes. Abraham, Isaac y

Jacob no están muertos. Siguen vivos. Así que el pacto de Dios con ellos sigue siendo válido. Esa es la base de su reclamo de la Tierra Prometida. Creo que cualquiera que crea la Palabra de Dios debe aceptar que Dios ha traído a los judíos de vuelta a la Tierra Prometida que les pertenece.

¿Cree usted que Dios es soberano en la historia, que controló a los babilonios, los egipcios y los asirios, además de los judíos, que trajo a los filisteos de Creta a la Tierra Prometida al mismo tiempo que trajo a los judíos? Amós nos dice que es Dios quien es soberano sobre la historia. Como dijo Pablo en su discurso en el Areópago, en Hechos 17, Dios decide cuánto tiempo y cuánto espacio tiene cualquier nación en el mundo. Si usted cree eso, entonces coincide con el hecho de que los judíos están de vuelta en la Tierra Prometida.

Si cree que Dios es soberano sobre toda la historia, usted cree que Dios tiene que haberlos traído de vuelta. Es algo demasiado extraordinario: después de dos mil años sin su idioma, sin su dinero, sin su tierra, están de vuelta en ella, y floreciendo como ninguna otra nación hoy. Es una situación extraordinaria y, sin embargo, también están, humanamente hablando, bajo la amenaza de extinción. Las crisis de Oriente Próximo afectan a todo el mundo, y el mundo está creyendo ahora que si hay paz en Oriente Próximo puede haber paz en el mundo. Se ha convertido en la bisagra de la historia.

Todo eso es otro gran tema. Pero yo creo que los cristianos deberían dejar que el Nuevo Testamento decida su actitud hacia el pueblo judío, no el Antiguo. A menudo somos acusados de ser sionistas cristianos que vivimos en el Antiguo Testamento. Yo no: yo vivo en el Nuevo. Hay suficiente en el Nuevo Testamento como para convertirme en sionista y llevarme a apoyar a Israel. No apoyo a Israel en lo bueno y en lo malo. Soy uno de sus mayores críticos, porque creo que un verdadero amigo no aprueba todo. Los he criticado seriamente en forma pública por abortar un millón y medio de sus bebés desde 1948. Es la misma cantidad que fue masacrada en los hornos de gas de Alemania: niños.

Su mayor crisis es que para 2020 habrá más árabes musulmanes en Israel que judíos. Es una crisis demográfica para ellos. O tendrán que volver muchos más judíos para aumentar sus números o los padres que ya están ahí tendrán que tener familias más grandes, como los musulmanes, y no tendrán que practicar abortos o aun control de nacimiento (como han hecho) para resolver ese problema. Así que tienen problemas enormes. Humanamente hablando, uno no apostaría por la supervivencia de Israel en el siglo XXI.

Pero yo creo que Dios ya lo ha decidido, y que tenemos que agrandar nuestra teología de Israel y entender que el Dios que adoramos cada día es el Dios de Israel, y que Jesús fue, es y siempre será un judío, y que un judío un día será el Rey del mundo. Todo eso es bastante revolucionario, pero una marca adicional de la iglesia en el siglo XXI será que se preocupará por el pueblo judío, y predicará y practicará que Dios tiene un destino unido para ambos: un nuevo hombre en Cristo para siempre, un solo rebaño bajo un solo pastor.

La nota final es que necesitamos reformar nuestra escatología, nuestra esperanza acerca del futuro. La fe, la esperanza y el amor son las tres dimensiones de la vida cristiana. La fe se relaciona esencialmente con la obra pasada de Dios. El amor se relaciona con la obra y el pueblo de Dios presentes. Pero la esperanza se relaciona con la obra futura de Dios. Vivimos en un mundo que cada vez tiene menos esperanza. Al principio del siglo XX, la palabra que estaba en labios de todos era "progreso". Todos creían que el siglo XX sería el siglo más saludable, feliz, próspero y seguro de todos. El hundimiento del Titanic rompió esa burbuja. Tal fue su importancia. Fue el primer reto importante al desafío humano en el siglo XX. Era el mayor objeto móvil que el hombre había hecho jamás. Era el objeto técnico más elevado de su tiempo. Era el logro supremo del humanismo científico. Se hundió en su viaje inaugural. El barco que decían que "ni Dios podría hundir" se hundió. De ahí en más, el optimismo que había dado inicio al siglo, el optimismo que había llevado a un primer ministro británico a acuñar el lema: "Arriba, arriba y arriba, y adelante, adelante y adelante", que le permitió ganar una elección, no fue sostenido ampliamente.

Poco tiempo después del Titanic vino la Primera Guerra Mundial, con el puro espanto de la sangre y el barro de las trincheras de Bélgica y Francia. Parecía imposible, y uno sabe que destruyó la fe de miles de hombres que habían sido cristianos antes de esa guerra. Muchos fueron muertos físicamente, pero aún más fueron muertos espiritualmente. Dijeron: "¿Cómo puede haber un Dios de amor cuando ocurre todo esto?", porque fue la guerra más bárbara jamás. El resultado fue que las iglesias en Gran Bretaña perdieron sus hombres. De ahí en más las iglesias del país se convirtieron en lo que llamo "iglesias botes salvavidas": mujeres y niños primero. Las mujeres estaban liderando la iglesia y llevando la iglesia. Los hombres no volvieron a la iglesia después de la Primera Guerra Mundial. Dijeron: "Hemos visto y hemos hecho cosas que simplemente no podemos alinear con el Dios que la iglesia nos dijo que existía". Fue un gran desastre nacional.

La palabra en labios de todos, al iniciar el siglo XXI, no fue "progreso" sino "supervivencia". Es una pregunta ahora: "¿Sobrevivirá la raza humana este siglo?". Los científicos ya nos han dado la fecha en la que la vida humana comenzará a ser imposible en la tierra, y la fecha es el año 2040. Esto viene del Massachusetts Institute of Technology, donde han alimentado a una computadora con todas las tendencias. El petróleo consumido, el agua dulce disponible, la explosión poblacional; han alimentado todos los factores y han anunciado que para el año 2040 la vida humana será imposible en grandes áreas de la tierra. Ustedes podrán vivir para verlo; sin duda yo no. Pero esa es la fecha que la nueva ciencia de la futurología (como se la llama) nos está dando.

Encuentro que hay una actitud de casi desesperanza, o desesperación, aun en congregaciones cristianas. Acostumbro hacer una verificación: "Les pediré que voten si creen que este siglo será mejor que el siglo XX, igual o peor". Muchos esperan que sea mucho peor. Por cierto, en base a mi experiencia de hacer esta pregunta, un voto típico de una congregación cristiana será del lado de que se pondrá peor. El resultado de ese voto habría sido revertido completamente si hubiera estado vivo para hacerla en 1900. Es un cambio de espíritu. Las personas son, por lo tanto, más existenciales, viviendo para el presente, porque temen el futuro.

Es contra ese telón de fondo que tenemos una obligación solemne de hablar al mundo acerca de la esperanza cristiana. "Esperanza" (*Hope*) en inglés es una palabra muy ambigua. "Espero que el clima sea así mañana". "Espero que tengamos unas buenas vacaciones". "Espero poder solucionar algunos de los problemas". Significa simplemente: "Me gustaría pensar que ocurrirá". No es una certeza. Mientras que la palabra griega *elpis*, en el Nuevo Testamento, significa lo que uno está absolutamente seguro que ocurrirá. Esta es la esperanza que tenemos, y que solo nosotros tenemos, porque las únicas personas que saben cómo finalizará el mundo son los cristianos; tenemos la Biblia que nos lo dice.

No sé si lo sabe, pero la Biblia tiene 735 predicciones *diferentes* acerca del futuro. Algunas aparecen varias veces. Una de ellas aparece más de 300 veces. No estoy tratando de cegarlo con estadísticas. ¡Qué palabra horrible es! (Uno de mis ancestros acuñó el término). Uno puede probar cualquier cosa con estadísticas, lo sé, pero le estoy dando cifras. De las 735 predicciones acerca del futuro, 596 ya se han cumplido, después de la predicción, en detalle. Significa 81 por ciento que ya ha ocurrido, a la letra. Estoy preparado para creer el resto. No requiere mucha fe de mi parte creer que el resto ocurrirá. El 19 por ciento restante trata del fin del mundo. Obviamente no han ocurrido, porque si no no estaríamos aquí. Es un historial asombroso. Las formas supersticiosas de averiguar el futuro, como las hojas de té, las cartas de tarot o cualquier otra, nunca superan el 5 por ciento de aciertos. Pero no hay un tabloide que no tenga una columna de astrología, que nunca ha tenido más del 5 por ciento de aciertos o, como lo digo, "95 por ciento equivocado".

La nueva ciencia de la futurología, que ahora tiene sus propios profesores, nunca ha tenido más del 25 por ciento de aciertos al extrapolar las tendencias actuales al futuro, porque siempre hay sucesos inesperados que cambian el futuro. Por lo tanto, como digo, el 75 por ciento está equivocado. La Biblia no ha tenido aciertos del 81 por ciento, porque esas predicciones del 19 por ciento aún no podrían haber ocurrido. Ha tenido una precisión del 100 por ciento hasta ahora. Por lo tanto, no se requiere un salto de fe para que yo diga que el restante 19 por ciento ocurrirá exactamente según lo predicho.

Me gustaría llevarlo por una recorrida de algunas de estas predicciones asombrosas. La predicción acerca de Tiro, que sería arrojada al mar. Nunca ha ocurrido a ninguna otra ciudad en la historia, pero ocurrió con Tiro. Ezequiel dijo que ocurriría mucho antes del suceso. Fue Alejandro Magno quien arrojó a toda la ciudad al mar para hacer un camino a la isla donde huyeron los habitantes. Así que la palabra de Ezequiel se cumplió a la letra. Toda la ciudad — palos, piedras, ladrillos, todo—, arrojada al mar. Nunca ha ocurrido desde entonces a ninguna otra ciudad, pero ocurrió con Tiro tal como lo dijo Ezequiel.

Creo que este es el estado de ánimo actual en la iglesia.

Una atmósfera de temor del futuro. Casi de desesperanza, ciertamente de depresión, con el existencialismo que resulta de querer vivir por el ahora, de vivir para hoy y lo que uno puede exprimir del día de hoy antes que la bolsa de valores colapse, antes que la economía se enloquezca. Vivir para hoy, gastarlo ahora. Obtener la mayor cantidad de crédito ahora para poder conseguir una casa más grande que la que uno pueda costearse. Usted sabe a lo que conduce esto. Sufrimos una crisis importante en Gran Bretaña debido a las deudas hipotecarias estadounidenses. He dicho suficiente.

Tenemos un mensaje de esperanza. Tenemos un mensaje de futuro. Ahora bien, en este punto quiero decir que necesitamos una filosofía bíblica de la historia. Tal vez ni siquiera sabía que había una, pero se la voy a describir. Una vez más, Lutero indujo al error en esto al desacreditar el libro de Apocalipsis. Pero está en la Biblia. Es parte de la Palabra de Dios. Es el único libro del Nuevo Testamento que trata el futuro, y es un libro que muchos predicadores e iglesias han ignorado; solo han citado partecitas de él. Pero necesitamos entenderlo todo, porque hay toda una filosofía de la historia. ¿A qué me refiero con esta frase? Me refiero a la forma de los sucesos futuros: el patrón. Los historiadores han intentado durante siglos discernir si hay un patrón en la historia que pueda dar sentido al caleidoscopio de los sucesos. Ha habido por lo menos cinco filosofías importantes de la historia que son adoptadas por los medios de comunicación masiva y de los que nos alimentamos indirectamente cada día. Si no somos cuidadosos, adoptamos una filosofía de la historia mundana, y nos olvidamos de la bíblica, que es una razón por la que las personas que están tan empapadas de la Biblia no se dejan atrapar por las filosofías mundanas.

Aquí están las cinco. La primera es la filosofía *circular* de la historia: la historia da vuelta en círculos. Uno simplemente continúa volviendo al mismo punto, y la misma cosa ocurre una y otra vez. Este era el patrón griego de la historia. La vida es un carrusel. Uno se baja prácticamente donde se subió. Un proverbio conocido en inglés dice: "la historia se repite". Esta es la visión circular de la historia: vueltas y vueltas, sin ir a ningún lado.

La segunda visión se llama la visión *cíclica* de la historia. Dice que la historia avanza, pero lo hace en un movimiento hacia arriba y hacia abajo. Hay triunfos y tragedias, alzas y caídas, inflación y deflación. La historia tiene este patrón y seguirá teniendo este patrón hasta que finalice. Que termine arriba o abajo nadie lo sabe. No vuelve a sí mismo, ni siempre avanza hacia algo nuevo, sino sube y baja. Lo estoy simplificando, solo para darle un resumen.

La tercera es la visión *pesimista* de la historia. Dice que la historia simplemente baja y baja y baja, y se vuelve peor y peor y peor. Es una filosofía de la historia muy común hoy.

Luego está la cuarta visión, una visión *optimista* de la historia, que era más típica cien años atrás, que dice lo siguiente: arriba y arriba y arriba, y adelante y adelante y adelante. Surgió de la teoría de la evolución de Darwin, la idea de que hay un constante progreso hacia arriba y cosas superiores.

Contra todas estas visiones, la Biblia tiene una filosofía única, que llamamos la visión *apocalíptica* de la historia. Esta visión es compartida por los comunistas, los judíos y los cristianos. Todos la obtuvieron de la misma fuente: los profetas hebreos. Si uno quiere dibujarla, baja, baja y baja y de pronto sube, y luego mantiene la línea en un nivel más alto que nunca. Este es el patrón. Es la visión comunista de la historia. Karl Marx era judío y la obtuvo de los profetas y de su trasfondo judío. Es la filosofía de la historia en todos los profetas del Antiguo Testamento. Es la visión de la historia del Nuevo Testamento.

La única diferencia entre las tres fuentes es lo que causa

esa repentina subida a un nivel más alto que nunca antes. Para el comunista, es la revolución, cuando la burguesía finalmente es tomada por el proletariado y obtenemos una nueva utopía, sin clases y sin crímenes. Por supuesto, es un sueño que ha sido hecho trizas ahora. Rusia se encuentra muy lejos de esto ahora. Pensaron que traería la utopía, pero no lo hizo. Los judíos dicen que vendrá cuando Dios irrumpa en la historia y traiga el reino de Dios a la tierra. Los cristianos están muy cerca de esto, pero lo llevan un paso más adelante, y dicen: "Eso ocurrirá cuando venga el Rey, cuando venga el Mesías para establecer el reinado de Dios en la tierra". Esa es la diferencia.

Así que tenemos esta visión apocalíptica de la historia y tenemos que enseñarla a nuestra gente, de modo que cuando ocurra no estén sorprendidos o conmocionados. Cuando las cosas se pongan cada vez peores, sabrán que es todo parte de un patrón, y que pueden esperar una subida repentina cuando el Rey vuelva, y entonces la vida alcanzará un nivel más alto que nunca. Esta filosofía de la historia es realista. No es pesimista, porque no piensa que seguirá hacia abajo constantemente. Pero no es optimista acerca del futuro inmediato. La esperanza cristiana mira al futuro último, no al futuro inmediato. Mira bien adelante.

Veo que la filosofía apocalíptica de la historia no está siendo enseñada en las iglesias. Hemos caído bajo la influencia de los credos, especialmente el Credo de Nicea, que fue el resultado del primer llamado de Constantino a un concilio en el noroeste de Turquía. Los credos dicen que Jesús vuelve para juzgar a los vivos y a los muertos. Por lo tanto, su venida no despierta esperanza ni optimismo en una congregación que recita el credo. En mi Biblia, el Juicio Final no tiene lugar cuando Jesús vuelve a la tierra. Solo ocurre luego de que la tierra haya desaparecido. Así que él no viene a la tierra para juzgar. Aun cuando el credo lo diga, la Biblia no lo dice. Dice que la tierra y el cielo pasarán y solo entonces aparecerá el Gran Trono Blanco.

Todo cristiano cree que Jesús vuelve, pero la verdadera pregunta es: ¿para qué? Sabemos *cómo* volverá: de la misma forma en que se fue, con nubes. Sabemos *dónde* volverá. La Biblia es muy clara. Volverá a Jerusalén, el mismo lugar desde donde partió. No sabemos cuándo volverá. Creo poder decirle el mes, aunque no pueda decirle el año. Porque Jesús siempre hacía las cosas de acuerdo con el calendario judío.

La gran fiesta de las tres que no cumplió Jesús es la fiesta de Tabernáculos. La expectativa judía del Mesías es en la fiesta de Tabernáculos. Tanto el Antiguo Testamento como el Nuevo nos dicen esto exactamente. Por esa razón (en Juan capítulo 7), sus hermanos dijeron a Jesús: "¿Piensas que eres el Mesías? ¿Por qué no subes a Jerusalén en la fiesta de Tabernáculos y les muestras quién eres?". Él dijo: "Mi tiempo aún no ha llegado", y fue secretamente. Si lee el Evangelio de Lucas, encuentra que Jesús nació, no el 25 de diciembre, sino durante la fiesta de Tabernáculos, a fines de septiembre o principios de octubre. La evidencia está ahí para que la veamos. Es maravilloso ir a la fiesta cristiana de Tabernáculos, porque los judíos también comparten la fiesta y hablan con entusiasmo acerca de la venida del Mesías. Nos unimos en eso como cristianos. Solo les decimos que el Mesías ya ha venido una vez. Pero volverá en la fiesta. Creo que volverá en la fiesta de Tabernáculos, para cumplir esa fiesta, así como cumplió Pascua y Pentecostés. Es la fiesta de la cosecha final, la recolecta final. Encaja de manera hermosa.

Tenemos entonces a Jesús volviendo a la tierra. ¿Para qué? No solo vuelve a la tierra él mismo sino que trae con él a todos los que están en el cielo. Este es un hecho extraordinario. He hablado en cuatro funerales de familiares cercanos. Uno era de mi hija. La siguiente fue mi suegra, y luego mi cuñado y mi hermana. En cada uno de los funerales dije: "Todos volverán a la tierra un día". ¡Las personas me miraron como si estuviera enseñando la reencarnación! Es extraordinario. Esto son cristianos. Nunca se les ha hablado de la resurrección del cuerpo que ocurrirá aquí, no en el cielo. No necesitamos un cuerpo allá arriba, pero hará falta uno aquí. Es aquí donde lo obtendremos cuando Jesús regrese.

Si muero antes que Jesús regrese, tendré una gran ventaja: tendré un asiento delantero en la gran reunión. Porque los muertos en Cristo resucitarán primero. Tendrán los asientos de adelante. La reunión cristiana más grande, más ruidosa, tendrá lugar cuando nos encontremos con el Señor. No hay estadio en la tierra lo suficientemente grande como para tenerla, así que tendrá que ser arriba, en el aire. Le digo que, si no le gustan las reuniones ruidosas, no venga. Habrá arcángeles gritando a toda voz, trompetas sonando y yo estaré gritando: "¡Aleluya!".

En la lápida de mi abuelo en Inglaterra figura su nombre, "David Ledger Pawson" y luego, abajo, dice: "¡Qué reunión!". Esto no está en la Biblia, sino en el viejo himnario metodista. Pero sé lo que significa. Está esperando el gran y ruidoso encuentro cuando los cristianos se reúnan para saludar el regreso del Señor. No veo la hora de que ocurra. Lea mi libro *Cuando vuelva Jesús*. Tenemos un futuro apasionante para contar a las personas.

Creo que Jesús vuelve para *reinar*. No para juzgar; eso vendrá después. Creo que la Biblia dice claramente que volverá para reinar, y nosotros reinaremos con él. Yo soy lo que se denomina un premileniarista clásico. La iglesia primitiva tenía una sola visión del futuro, hasta el ministerio inicial de Agustín inclusive. Era que Jesús volvería para reinar sobre las naciones del mundo. Luego, todas las profecías que tendemos a descartar como poesía y mito serán realidad.

Las profecías de la naturaleza, que será transformada, del lobo acostado con el cordero, el león comiendo paja como el buey, y los niños jugando con serpientes. ¿Usted descarta todo esto como poesía? Yo creo que Dios quería decir lo que dijo, y que habrá una naturaleza transformada cuando Jesús esté reinando. Toda la creación trabaja y gime, esperando... ¿qué cosa? Esperando la redención de nuestros cuerpos. Esto ocurrirá cuando él vuelva y nosotros obtengamos nuestros nuevos cuerpos en la tierra.

Me encanta predicar sobre la resurrección del cuerpo. Tuve la oportunidad de predicar sobre la resurrección del cuerpo a cien ancianos pensionistas, que fue muy emocionante. ¿Qué clase de cuerpo tendré? Jesús dice que será como su cuerpo glorioso. Entonces, ¿qué edad tendré cuando obtenga mi nuevo cuerpo? La respuesta es treinta y tres. ¡Y cuando uno tiene setenta u ochenta y tantos años no ve la hora de volver a tener treinta y tres!

Esta es la verdad. Tendré un nuevo cuerpo en la tierra, que me dará Jesús, en un instante, en un abrir y cerrar de ojos. Esto es para el creacionista: ¡un cuerpo flamante! ¿Realmente lo cree? Yo sí, y me entusiasma. Especialmente cuando hablo con personas discapacitadas y lisiadas. Me encanta decirles que recibirán un nuevo cuerpo. Nosotros reinaremos con él.

Ahora bien, esa era la creencia universal de la iglesia primitiva. Luego, en el ministerio posterior de Agustín, reaccionó y volvió a su educación griega. Es una tragedia. Reaccionó contra las cosas físicas. Esto fue, en parte, una reacción a su vida promiscua y por tener un hijo ilegítimo antes que fuera un cristiano, pero fue también la enseñanza neoplatónica que había recibido cuando era un estudiante. Él reaccionó contra la idea de un regreso físico de Cristo a una tierra física para reinar sobre naciones físicas. De ahí en adelante, la iglesia nunca volvió a predicar acerca de la nueva tierra. Fue reemplazada por la idea de "ir al cielo", que es una pérdida trágica. Es la fobia griega a las cosas físicas.

Es que los griegos nunca tuvieron eso. Me gusta contar a las personas que encontré una maravillosa oración en un libro de oraciones judías para usar cuando uno va al baño. ¿No es hermoso? Para nosotros es cómico, pero si lo menciono ante un público judío, nadie se ríe. Dicen: "Pero, por supuesto". El Dios de la Biblia está tan interesado en lo que usted hace en el baño como lo que hace en la iglesia. Si usted no lo entiende, no ha entendido al Dios de la Biblia aún, porque él hizo el mundo físico. Está interesado en nuestros cuerpos y no solo en nuestras almas. He estado en un montón de baños cristianos cuando me quedo con familias, y tienen una pila de libros devocionales ahí. Tienen textos en la pared. Todo está diseñado para llevar su mente a cosas celestiales mientas está ahí; totalmente griego y totalmente no hebreo. La oración, de hecho, dice: "Señor, te alabo porque mi cuerpo funciona", y ya he llegado a una edad en la que eso se convierte en una gran oración de agradecimiento, cuando la plomería y los intestinos no siempre hacen lo que deberían hacer. Entonces uno alaba al Señor porque se siente mejor, y sale luego de haber tenido un gran "¡Aleluya!" allá adentro.

Vayamos ahora al pensamiento occidental griego. Es absurdo que Dios sea así. Porque uno ve que a él le interesa salvar mi cuerpo además de mi alma. Un día me dará un nuevo cuerpo en el cual vivir en un nuevo mundo, una nueva tierra. Si usted predica, ¿cuándo fue la última vez que predicó acerca de la nueva tierra? ¿O solo le habla a la gente de ir al cielo? Pregunto a las personas: "¿Quieren vivir en una nueva tierra?". Estaba predicando en Sídney, Australia, a unos kilómetros de una playa, Bondi Beach. Dije: "En la nueva tierra no habrá sol, mar ni sexo". Nadie dijo: "¡Aleluya!". Hubo un silencio mortal, y todos parecían como si quisieran irse a Bondi Beach rápidamente, porque uno puede conseguir esas tres cosas en Bondi Beach. Dije: "Esa nueva tierra será un lugar tan maravilloso que no extrañarán ninguna de esas tres cosas".

¿Predica usted sobre la nueva tierra? Porque ese será nuestro nuevo hogar. Y es donde Dios vivirá. La mayor sorpresa en la Biblia es la última página, donde Dios dice: "Viviré con ustedes en la nueva tierra", y Dios desciende cuando desciende la Nueva Jerusalén del cielo. Asombrado, el ángel dice: "¡Aquí, entre los seres humanos, está la morada de Dios! Él acampará en medio de ellos, y ellos serán su pueblo; Dios mismo estará con ellos y será su Dios!". Tenemos una esperanza para el futuro que nadie puede igualar. ¿Por qué no lo estamos proclamando en todos lados, diciendo: "Usted puede compartir esa esperanza, pero necesitará estar preparado para esa nueva tierra y necesitará un nuevo cuerpo, y puede tenerlo todo en Cristo"? ¡Qué esperanza tenemos! Me encanta predicar temas escatológicos que hablan del futuro. En un mundo sin esperanza, un mundo desesperado, ¡qué mensaje tenemos!

Mi punto final es éste: volvamos al futuro, y volvamos a la esperanza cristiana. No solo la esperanza para un individuo de ir al cielo, sino esperanza para el mundo, la esperanza que traerá paz. Fui a la sede de las Naciones Unidas en Nueva York una vez, cuando tenía unas seis horas de espera entre vuelos. Tomé un taxi amarillo para que me llevara al edificio de la ONU. Había dos cosas que quería ver.

La primera es afuera de la entrada, sobre el césped. Hay un gran bloque de granito donde está inscrito la mitad de un versículo de las escrituras, un ejemplo clásico. Dice: "Convertirán sus espadas en arados y sus lanzas en hoces. No levantará espada nación contra nación, y nunca más se adiestrarán para la guerra". Pero eso es solo la mitad del versículo. La primera mitad dice: "Él juzgará entre las naciones y será árbitro de muchos pueblos" y anteriormente dice: "Porque de Sión saldrá la ley, de Jerusalén, la palabra del Señor". El desarme multilateral solo podrá producirse cuando Jesús vuelva y esté reinando en Sión. De modo que construyeron la sede de las Naciones Unidas en el lugar equivocado.

Tuvimos la gira del lugar. Un pequeño grupo, conducidos por una joven en uniforme azul. Ella decía: "Este es el Consejo de Seguridad", "esta es la Asamblea General", "estas son las salas de las comisiones", y nos llevó a recorrer todo el lugar. Luego, después de dos horas, dijo: "Bueno, señores y señoras, con esto finalizamos la recorrida. Que tengan un buen día".

Dije: "Pero no nos ha mostrado una sala".

"¿Qué sala?", preguntó. Y se la describí.

"Oh, no", dijo, "está cerrada con llave. No se puede entrar ahí. No está abierta al público".

"Pero", dije, "esa es la sala que vine a ver. Quiero mirar adentro. He escuchado de ella, y no puedo creer lo que he oído, así que tengo que verla".

"No", dijo. "Lo lamento, pero no puede verla".

Dije: "Vine de muy lejos para verla". Siguió sin ceder. Así que intenté mi última carta y dije: "He venido todo este camino desde la vieja Inglaterra para verla". Esto impresiona realmente a los estadounidenses. Uno llega a su corazón cuando dice: "vengo desde la vieja Inglaterra".

Ella dijo: "*Yo* no puedo dejarlo entrar, pero vaya a la recepción y pregunte a uno de los guardias si puede entrar".

Pensé: "Bueno, estamos ganando". Fui al guardia y le dije: "¿Podría por favor mostrarme esta sala?".

Contestó: "No, está cerrada al público. Está cerrada con llave".

Continué: "Pero me gustaría verla".

"No, lo lamento, no puede".

"He venido de muy lejos".

"No importa".

"He venido de muy lejos, desde la vieja Inglaterra".
Entonces dijo: "¿Cuánto tiempo quiere estar ahí?".
"Dos minutos".
"Ah, si son solo dos minutos..." Tomó la llave, cruzó la recepción, abrió la puerta y me dejó entrar.

Entonces vi el dios de las Naciones Unidas, a quien oran por la paz mundial. Es una sala oscura, de tamaño modesto, sin ventanas. Hay un poco de luz en el borde del cielorraso, así que es muy sombrío y oscuro. Tiene un círculo de alfombras de oración y banquetas para que las personas se arrodillen o se sienten para orar, y en el medio está el dios. Es un gran bloque negro de hierro fundido, del tamaño y la forma de un ataúd, sobre un pedestal. Se arrodillan y oran a este gran bloque negro para pedir por la paz del mundo. Me habían hablado de esto y no podía creer lo que me habían dicho. Pero lo he visto con mis propios ojos.

Lo que ocurrió fue lo siguiente. Cuando construyeron la sede de la ONU, Dag Hammarskjold de Suecia dijo: "No tenemos una sala de oración, y tendríamos que tener una sala para la meditación". Así que construyeron esta sala adicional entre las dos alas. Por eso no tiene ventanas. Luego tuvieron un gran debate sobre qué poner en la sala. Los estadounidenses querían una cruz, pero eso fue descartado. Luego los hindúes querían flores, y eso se descartó. Después los musulmanes querían otra cosa. Finalmente, fueron a un escultor famoso y dijeron: "¿Podría por favor hacer una escultura que represente a todos los dioses del mundo, en el cual cada persona pueda ver su propio dios?". Así que el escultor hizo este gran bloque y lo pintó de negro mate, para que no hubiera ningún reflejo. Uno se arrodilla, mira dentro de esta negrura, ve a su propio dios, y ora. Este gran bloque negro representa a todos los dioses. Por lo tanto, no tiene forma. Es negro. No es nada, y uno mira dentro de la nada cuando ora a él. Dije: "Ahora lo he visto".

Podría haber llorado. Pensar que orar a un gran bloque negro en Nueva York traerá la paz mundial y hará que todos conviertan sus espadas en arados y sus lanzas en hoces es una locura. Pero mi esperanza es que un día la mitad del versículo se cumpla, cuando la otra mitad ocurra, y cuando se produzca el regreso de Cristo, durante el cual reinará sobre las naciones. Cuando voy a Australia digo: "Ustedes nunca serán una república. Ya tienen un Rey, y es judío". Noruega tiene un rey judío: Jesús. Un día volverá para reinar sobre las naciones, y arreglará las disputas entre las naciones con total justicia y rectitud. Cuando haya justicia total podrá haber paz total, porque la falta de paz siempre se debe a algún sentido de injusticia. Esa es mi esperanza para el futuro: el regreso de Jesús.

Le diré francamente que en Inglaterra hay más cristianos poniendo su esperanza en un avivamiento que en el regreso de Cristo. Eso me apena. El centro de nuestra esperanza para el futuro es la segunda visita de Cristo al planeta tierra. "Maranata" ha sido el clamor de la iglesia desde el primer siglo, manteniendo incluso el idioma en el que esa oración fue ofrecida por primera vez: "Aun así, ven Señor Jesús".

Lo que he estado tratando de hacer es pintar un cuadro de la iglesia del siglo XXI que Dios está buscando. Mi gran pregunta es: ¿la obtendrá? ¿De dónde vendrá la reforma? ¿Vendrá de arriba o de abajo? En ocasiones ha venido de arriba. Juan XXIII, un asombroso anciano que pensaban que habían puesto como un cuidador hasta que estuviera listo el siguiente, oraba todos los días por dos cosas. Oraba por un nuevo Pentecostés y oraba por Israel. Muy pocas personas saben eso, pero me lo dijo su capellán. Estas eran sus dos preocupaciones, que hubiera un nuevo Pentecostés, un nuevo derramamiento del Espíritu sobre la iglesia católica, y oraba por Israel, para que la iglesia e Israel se reconciliaran. Así que, Vaticano II, que cambió tanto, vino de arriba, de forma muy inesperada para la mayoría. Pero debo decir que la reforma, si bien ocasionalmente viene de arriba, por lo general viene de abajo, cuando personas desconocidas que no son nadie defienden la verdad y enfrentan el costo que sea necesario.

Lutero venía de abajo. Era un simple monje que nadie notó, salvo por su terrible autoexamen y autoflagelación introvertidos. ¿Quién hubiera notado a ese hombre? Pero Dios tomó nota de ese don nadie y lo convirtió en alguien. Yo creo que esta reforma, que anhelo ver, que le he descrito, vendrá de abajo, de personas comunes en los bancos de las iglesias. Encuentro que algunas de ellas están muy por delante de sus líderes en su entendimiento de adónde debe ir la iglesia.

Estoy buscando al Jan Hus, al Martín Lutero, al John Brown,[7] los don nadies que comenzarán por plantarse firmemente sobre la Palabra de Dios diciendo: "Aquí estoy. Mi conciencia está atada a la Palabra de Dios. No puedo hacer otra cosa". Los cristianos más comunes que harán eso y dirán: "Simplemente no nos ataremos a la tradición. No nos ataremos a los políticos. Nos ataremos al Señor Jesucristo y su Palabra, y por el poder del Espíritu Santo, haremos la diferencia".

Creo que la reforma vendrá de abajo. ¿De dónde vendrá la resistencia a dicha reforma? ¿De adentro de la iglesia o de afuera? Algo vendrá de afuera, de los políticos, especialmente los de izquierda que cada vez son más liberales y más anticristianos. Pero creo que la mayor oposición a la reforma siempre viene de adentro de la iglesia. Esto es doloroso. Viene de los oficiales de la iglesia que apoyan el statu quo y está en contra de hacer olas. Creo que habrá una oposición terrible de autoridades eclesiásticas a cualquier reforma de la iglesia. Así que será doloroso.

Creo que usted entenderá si digo que hay dos cosas

dolorosas que experimenté en mi ministerio. Primero, los líderes de la iglesia que parecen ciegos y sordos, que ni siquiera ven una amenaza en el islam, que están simplemente felices y contentos aun con congregaciones en declinación. Pero segundo, y esto ha sido el mayor dolor que experimenté, y estoy siendo franco aquí, es de cristianos y líderes de la iglesia que están de acuerdo conmigo, pero no me apoyan públicamente. Me he encontrado con muchos de ellos. Dicen: "Oh, David, gracias. Gracias a Dios por lo que dices". Yo contesto: "Bueno, ¿podrías decirlo conmigo? Me haría bien alguien que me acompañe en la plataforma de tanto en tanto". Las personas han dicho (literalmente): "Eso sería lo último que haría".

Es realmente trágico que haya cristianos que saben cuando escuchan la verdad y que están de acuerdo con ella en privado, pero no se arriesgan a decirlo en público. Si tan solo todos los que están de acuerdo con esta reforma hicieran algo... Esa es la tragedia. Yo creo que podríamos hacerlo si todos los que creen la verdad salieran a decirla y se pusieran firmes, aun cuando les costara el trabajo y la casa.

Le dije que nos costó eso, pero nunca lo lamentamos, y el Señor ha guardado su promesa de cuidarnos desde entonces. Una semana después que perdimos la casa nos presentaron una casa flamante en la que nadie había vivido, y tenía una iglesia a la que ministrar. El Señor es bueno. Tenía que llevarme a ese punto donde tuve que decir: "Estoy preparado para arriesgar todo antes que ir en contra de mi conciencia". Creo que él nos llama a hacer eso. Es costoso, y el temor a la gente puede ser un verdadero factor para frenarlo. Pero creo que si usted teme a Dios nunca temerá a nadie o nada más.

*Notas*

[1] La tercera denominación cristiana de Australia, detrás de la iglesia católica y la iglesia anglicana.
[2] En inglés, *Christendom* (cristiandad) es la combinación de las palabras *Christianity* (cristianismo) y *kingdom* (reino).
[3] En inglés, la diferencia está entre el título actual, *Defender of the Faith* (Defensor de la Fe) y el propuesto, *Defender of Faith"* (Defensor de la fe).
[4] En español, *El desafío del islam para los cristianos*.
[5] Análogo al "sacerdocio" de todos los creyentes.
[6] *Alderman* significa 'concejal' en inglés.
[7] Un teólogo escocés del siglo XVIII.

www.ingramcontent.com/pod-product-compliance
Lightning Source LLC
Chambersburg PA
CBHW071009080526
44587CB00015B/2398